Boris Wassiljew, Jahrgang 1924, wuchs in der Familie eines Offiziers auf, wo Arbeit, Pflichtbewußtsein und patriotisches Denken über allen materiellen Werten standen. Dies bestimmt die Grundhaltung der Gestalten des Romans, der auf überaus plastische Weise die Atmosphäre jener Jahre einfängt. Ein altes Klassenfoto veranlaßt den Erzähler, von den dramatischen Ereignissen zu berichten, die sich 1940, ein Jahr vor Beginn des Großen Vaterländischen Krieges, in der damaligen 9b zutrugen. Der Vater einer Mitschülerin, ein hoher Funktionär, wird der Unterschlagung beträchtlicher Summen bezichtigt und verhaftet. Seine Tochter Vika soll sich von ihm lossagen, andernfalls droht ihr der Ausschluß aus dem Komsomol. In dieser schwierigen Situation hält die Klasse zu Vika, kann sie aber nicht davor bewahren, daß sie sich das Leben nimmt. Ihr Tod löst eine Kettenreaktion aus und wird zur ersten großen Bewährungsprobe für die jungen Leute. An der Schwelle des Erwachsenseins beginnen sie manche Erscheinungen in der Gesellschaft wahrzunehmen, die im Widerspruch zu ihren von der Schule vermittelten Denkmustern stehen. Sie ahnen, ihr Leben wird künftig nicht so einfach und geradlinig verlaufen, wie sie es sich dachten, doch sie sind voll Zuversicht, bereit, sich für die anderen, für ihr Land einzusetzen und es gegen alle inneren und äußeren Anfechtungen zu verteidigen.

Boris Wassiljew

Und morgen war Krieg

Deutsch
von Margit Bräuer

Aufbau-Verlag

Titel der russischen Originalausgabe
Завтра была война

1. Auflage 1987

Einbandgestaltung Ingeborg Jann/Günter Woinke
III/9/1 Grafischer Großbetrieb Völkerfreundschaft Dresden
Printed in the German Democratic Republic
Lizenznummer 301. 120/180/87
Bestellnummer 613 922 7
00185

ISBN 3-351-00539-3

Prolog

Von meiner Schulklasse sind mir Erinnerungen und eine Fotografie geblieben. Ein Gruppenbild mit dem Klassenlehrer in der Mitte, umgeben von den Mädchen, und ganz außen die Jungs.

Das Foto ist verblichen, und weil der Fotograf sorgfältig den Lehrer anvisierte, sind die Ränder, die schon beim Knipsen undeutlich waren, jetzt vollends verschwommen; manchmal denke ich, sie sind verschwommen, weil es die Jungen aus unserer Klasse längst nicht mehr gibt, sie gingen dahin, ehe sie Männer wurden, und ihre Züge hat die Zeit verwischt.

Auf dem Bild waren wir die 7b. Nach den Prüfungen hatte uns Iskra Poljakowa in das Fotoatelier auf dem Revolutionsprospekt geschleppt: sie liebte jede Art von Aktivitäten.

„Wir lassen uns nach der siebenten und dann nach der zehnten Klasse knipsen", verkündete sie. „Stellt euch vor, wie wir über das Foto staunen, wenn wir einmal Großmütter und Großväter sind!"

Wir drängelten uns in das enge Vorzimmer; vor uns ließen sich drei jungverheiratete Pärchen verewigen, eine Großmutter mit ihren Enkeln und eine Kompanie Donkosaken, die Köpfe bis auf ein Haarbüschel kahlgeschoren. Sie saßen in Reih und Glied, malerisch auf ihre Säbel gestützt, und starrten unsere Mädchen mit ihren schamlosen Kosakenblicken an. Iskra mißfiel das sehr; sie sagte, man solle uns rufen, wenn es soweit wäre, und dirigierte die ganze Klasse nach draußen in die Grünanlage. Damit wir nicht etwa davonliefen, Streit vom Zaune brächen oder gar den Rasen zertrampelten, wollte sie Pythia spielen. Lena verband ihr die Augen, und Iskra begann uns die Zukunft vorauszusagen. Sie war eine sehr freigebige Prophetin: jedem versprach sie einen Haufen Kinder und eine ganze Fuhre voll Glück.

„Du wirst den Menschen ein neues Heilmittel schenken."

„Dein dritter Sohn wird ein begnadeter Dichter werden."

„Du wirst den prachtvollsten Pionierpalast der Welt erbauen."

Es waren wundervolle Verheißungen. Nur schade, daß uns kein zweiter Besuch des Fotoateliers mehr beschieden war, daß nur zwei von uns Großväter wurden; und auch Großmütter wurden viel weniger, als es Mädchen auf dem Bild der 7b gab. Bei einem unserer traditionellen Schultreffen fand unsere ganze Klasse in einer einzigen Bankreihe Platz. Von fünfundvierzig Schülern, die einst die 7b abgeschlossen hatten, erlebten nur neunzehn, daß sie graue Haare bekamen. Und von allen Jungs, die mir von dem Foto entgegenblicken, blieben nur vier am Leben.

Unsere Clique bestand aus drei Mädchen und uns drei Jungs: aus mir, Paschka Ostaptschuk und Valka Alexandrow. Wir trafen uns immer bei Sinotschka Kowalenko, weil Sina ein eigenes Zimmer hatte, ihre Eltern am frühen Morgen zur Arbeit verschwanden und wir ganz unter uns waren. Sinotschka liebte Iskra Poljakowa heiß und innig und war mit Lenotschka Bokowa befreundet. Paschka und ich waren begeisterte Sportler und die „Hoffnung der Schule", während der linkische Alexandrow als begabter Erfinder galt. Paschka war in Lenotschka verliebt, ich schmachtete hoffnungslos Sina Kowalenko an, Valka aber begeisterte sich nur für seine Ideen, ebenso wie Iskra für ihre Aktivitäten. Wir gingen ins Kino, lasen uns die Bücher vor, die sich nach Iskras Meinung zu lesen lohnten, machten gemeinsam Schularbeiten und – redeten: über Bücher und Filme, Freunde und Feinde, über das Driften der „Sedow", die Interbrigaden, über Finnland, den Krieg in Westeuropa und einfach so, über alles und nichts.

Ab und zu gesellten sich noch zwei zu uns. Den einen nahmen wir freundlich auf, den anderen konnten wir nicht ausstehen.

Jede Klasse hat ihren Klassenprimus, über den alle witzeln, den sie aber trotzdem wie ein Denkmal verehren und gegen alle Angriffe von außen bis aufs Messer verteidigen. Unser stilles Wunderkind hieß Wowik Chramow. Gleich in der ersten Klasse hatte er erklärt, er heiße nicht Wladimir und auch nicht Wowa, sondern Wowik, und so war er denn für alle Zeit Wowik geblieben. Kumpels hatte er keine, geschweige denn Freunde, und so gesellte er sich gern zu uns. Er kam, setzte sich in einen Winkel und saß den ganzen Abend da, ohne einmal den Mund aufzumachen – nur die gespitzten Ohren ragten in die Höhe. Er war kahlgeschoren, darum wirkten sie besonders ausdrucksvoll. Wowik verschlang eine Unmenge Bücher und konnte die verzwicktesten Aufgaben lösen; wir schätzen diese Eigenschaften an ihm, und außerdem störte seine Anwesenheit keinen von uns.

Saschka Stameskin aber, den Iskra manchmal angeschleppt brachte, konnten wir nicht ausstehen. Er kam aus einer üblen Bande und schimpfte wie ein Ochsenkutscher, aber Iskra hatte sich in den Kopf gesetzt, ihn umzuerziehen, und so sah man ihn nicht mehr nur in der Gosse. Paschka und ich aber hatten uns so oft mit ihm und seinen Kumpanen geprügelt, daß wir das nicht so mir nichts, dir nichts vergessen konnten. Ich zum Beispiel brauchte ihn nur aufkreuzen zu sehen, und schon begann mein von ihm persönlich ausgeschlagener Zahn zu schmerzen. Da war mir nicht nach freundschaftlichem Lächeln zumute, aber Iskra wollte es so, und wir fügten uns.

Sinotschkas Eltern sahen unsere Zusammenkünfte gern. In ihrer Familie gab es nur Mädchen, Sina war die jüngste, ihre Schwestern waren verheiratet und hatten das väterliche Haus bereits verlassen. Oberhaupt der Familie war Sinas Mutter. Im Bewußtsein der zahlenmäßigen Unterlegenheit hatte der Vater schleunigst das Feld geräumt. Wir sahen ihn selten, da er gewöhnlich erst zur Nacht heimkehrte; kam er aber einmal eher, so schaute er unweigerlich in Sinas Zimmer herein und sagte immer angenehm verwundert: „Ah, die jungen Leute! Seid mir gegrüßt. Na, was gibt's Neues?"

Neuigkeiten waren Iskras Spezialgebiet. Sie besaß die erstaunliche Gabe, immer eine Unterhaltung in Gang zu bringen.

„Was sagen Sie zum Abschluß des Nichtangriffspakts mit dem faschistischen Deutschland?"

Sinas Vater hatte scheinbar überhaupt nichts dazu zu sagen. Unbestimmt zuckte er die Achseln und lächelte schuldbewußt. Paschka und ich waren der Meinung, daß er in ständiger Angst vor dem schönen Geschlecht lebte. Iskra aber stellte meist Fragen, deren Antwort sie selbst bestens wußte.

„Ich sehe darin einen großen Sieg der sowjetischen Diplomatie. Wir haben damit dem aggressivsten Staat der Welt die Hände gebunden."

„Richtig", sagte Sinas Vater. „Du hast völlig recht. Aber bei uns war heute was los: man hat uns Rohlinge von einer anderen Stahlsorte geliefert."

Das Leben im Betrieb war ihm vertraut, und darüber sprach er ganz anders als über Politik. Er fuchtelte mit den Armen, lachte und schimpfte, sprang auf und lief im Zimmer hin und her, wobei er uns auf die Füße trat. Doch wir wollten von seinen Betriebsangelegenheiten nichts hören: was uns interessierte, waren Sport, Flugzeuge und Filme. Sinas Vater aber fräste sein Leben lang Eisenstücke. Wir hörten ihm mit der grausamen Gleichgültigkeit der Jugend zu. Früher oder später kriegte er das mit und wurde verlegen.

„Ist natürlich nicht der Rede wert. Man muß die größeren Dinge im Auge haben, versteht sich."

„Wie schrecklich desinteressiert er ist", beklagte sich Sina. „Ich kann ihn einfach nicht umerziehen, ein wahres Kreuz."

„Muttermale der Vergangenheit", stellte Iskra autoritativ fest. „Wer unter dem gräßlichen Joch des Zarismus geboren wurde, ist für lange Zeit in seiner Willensfreiheit gehemmt und hat Angst vor der Zukunft."

Iskra verstand zu erklären und Sinotschka zuzuhören. Jedem lauschte sie auf andere Weise, aber immer tat sie es mit jeder Faser ihres Seins, so als nehme sie es nicht nur mit dem Gehör auf, sondern auch mit dem Auge, dem Geruchs- und dem Tastsinn. Sie war sehr neugierig und überaus mitteilsam, daher wurde sie nicht von allen und nicht immer in Geheimnisse eingeweiht. Dafür kam man gern zu ihr nach Hause, in die Familie mit dem weiblichen Übergewicht.

Das war sicherlich auch der Grund für eine besondere Art von Gemütlichkeit, Freundlichkeit und Ruhe. Vater und Mutter sprachen nicht laut, denn anzuschreien gab es niemanden. Immer wurde etwas gewaschen und gestärkt, geräumt und geputzt, gebraten und geschmort, und immer gab es Piroggen. Sie waren aus billigem Roggenmehl; bis heute erinnere ich mich an ihren Geschmack und bin überzeugt, daß ich niemals etwas Schmackhafteres als diese Piroggen mit Kartoffeln gegessen habe. Wir tranken Tee und lutschten billige Karamelbonbons, stopften uns die Bäuche mit Piroggen voll und schwatzten. Valka aber wanderte durch die Wohnung und schaute nach, ob es etwas zu erfinden gab.

„Wenn ich nun den Petroleumkocher an den Wasserhahn anschließe?“

„Damit es Tee mit Petroleum gibt?“

„Nein, zum Warmmachen. Man zündet ein Streichholz an, das Rohr erwärmt sich, und das Wasser wird heiß.“

„Na los doch“, stimmte Sina zu.

Valka hantierte herum, bohrte Löcher in die Wand und bog das Wasserrohr krumm. Es kam nie etwas Gescheites dabei heraus, aber Iskra meinte, auf die Idee komme es an.

„Bei Edison hat auch nicht alles geklappt.“

„Vielleicht sollte ich Valka einmal an den Ohren hochziehen?“ schlug Paschka vor. „Mit Edison hat man es einmal gemacht, und sofort wurde er ein großer Erfinder.“

Paschka hätte Valka tatsächlich an den Ohren hochziehen können: er war stark und kräftig. Er kletterte Seil, die Beine abgespreizt, machte Handstand und Riesenwelle. Das erforderte hartes Training; Bücher las Paschka keine, aber er hörte gern zu, wenn andere vorlasen. Und da es meist Lena Bokowa war, die vorlas, lauschte Paschka weniger mit den Ohren als mit den Augen: er hatte sich mit Lena schon in der fünften Klasse angefreundet und blieb seinen Sympathien und Antipathien treu. Iskra war auch kein schlechter Vorleser, aber sie liebte es zu sehr, das Gelesene zu interpretieren, darum gaben wir Lena den Vorzug, wenn es sich um etwas besonders Interessantes handelte. Wir lasen damals viel, denn das Fernsehen war noch nicht erfunden, und im Kino überstiegen selbst die verbilligten Tagesvorstellungen unsere finanziellen Möglichkeiten.

Außerdem spielten wir seit unserer Kindheit das, was im wirklichen Leben geschah. Die Klassen wetteiferten nicht um Zensuren oder Zensurendurchschnitte, sondern um die Ehre, den Papaninhelden einen Brief schreiben oder den Namen „Tschkalow" tragen zu dürfen, um die Erlaubnis, an der Einweihung einer neuen Werkhalle teilzunehmen oder eine Abordnung zu einem Treffen mit spanischen Kindern zu schicken.

Ich wurde einmal für so eine Abordnung ausersehen, weil ich im Hundertmeterlauf gewonnen hatte, und Iskra, weil sie Klassenbeste und Beste in der gesellschaftlichen Arbeit war. Wir brachten von dieser Begegnung Haß gegen den Faschismus, ein überströmendes Herz und je vier Apfelsinen mit. Die Apfelsinen wurden feierlich von der ganzen Klasse verspeist: jeder bekam anderthalb Scheiben und ein Stückchen Schale. Noch heute erinnere ich mich an den besonderen Duft dieser Apfelsinen.

Dann erinnere ich mich noch, wie traurig ich war, daß ich der Tscheljuskin-Besatzung nicht zu Hilfe eilen konnte, weil mein Flugzeug zu einer Notlandung irgendwo in Jakutien gezwungen war, ohne die Station auf dem Eis erreicht zu haben. Eine echte Bruchlandung: Ich bekam eine schlechte Zensur, weil ich ein Gedicht nicht gelernt hatte. Später habe ich es gelernt: „Männer gab's in unsrer Zeit ..." Wir hatten in unserer Klasse nämlich eine riesige selbstgemachte Landkarte an der Wand hängen, und jeder Schüler hatte sein eigenes Flugzeug. Eine gute Zensur brachte fünfhundert Kilometer ein, aber für meine schlechte wurde mein Flug eingestellt. Die schlechte Zensur stand nicht nur im Klassenbuch: mir selber war schlecht, und ein klein wenig auch der Tscheljuskin-Besatzung, die ich im Stich gelassen hatte.

Die Karte war Iskras Idee gewesen. In der neunten Klasse ließ uns Valentina Andronowna einen Aufsatz schreiben zu dem Thema „Was ich einmal werden möchte". Und alle Jungen schrieben, sie wollten einmal Kommandeure der Roten Armee werden. Sogar Wowik Chramow wollte Panzersoldat werden, was einen Begeisterungssturm auslöste. Ja, wir hatten den aufrichtigen Wunsch, vom Schicksal gefordert zu werden. Wir wählten es uns selbst aus, träumten von der Armee, der Luftflotte und der Marine. Wir hielten uns für Männer, und männlichere Berufe als diese gab es damals nicht.

In dieser Hinsicht hatte ich Glück. Ich hatte meinen Vater in der Größe schon in der achten Klasse eingeholt, und da er Berufsoffizier der Roten Armee gewesen war, erbte ich seine alte Uniform. Jacke und Reithosen, Stiefel und Kommandeurskoppel, Mantel und Budjonnymütze aus dunkelgrauem Tuch. Ich zog diese wunderbaren Sachen eines schönen Tages an und trennte mich ganze fünfzehn Jahre nicht mehr von ihnen. Bis ich demobilisiert wurde. Äußerlich war die Uniform damals schon eine andere, aber ihr Inhalt hatte sich nicht verändert: sie war nach wie vor die Kleidung meiner Generation. Die schönste und modernste.

Die Jungs beneideten mich alle glühend. Ja sogar Iskra Poljakowa.

„Ein bißchen zu groß ist sie mir natürlich", sagte Iskra, meine Jacke überziehend. „Aber wie ungeheuer bequem. Besonders wenn man das Koppel enger schnallt."

Ich denke oft an diese Worte, denn sie geben das Zeitempfinden wieder. Wir alle wollten unbedingt das Koppel umschnallen, als erwarte uns jeden Augenblick die Armee, als hinge von unserem Äußeren allein die Bereitschaft dieser Armee zu kämpfen und zu siegen ab. Wir waren jung, aber wir dürsteten nicht nach persönlichem Glück, sondern nach persönlicher Heldentat. Wir wußten nicht, daß man die Heldentat zuerst säen und züchten muß. Daß sie langsam reift, unmerklich Kräfte speichert, um eines Tages als lodernde Flamme emporzuschlagen, deren Widerschein noch lange der künftigen Generation leuchtet. Wir wußten es nicht, aber unsere

Väter und Mütter wußten es, die durch das grimmige Feuer der Revolution gegangen waren.

Wohl keiner von uns hatte ein Bad zu Hause. Nein, das stimmt nicht, eine Wohnung hatte ein Bad, doch darüber später. Meist gingen wir zu dritt in die Sauna: ich, Valka und Paschka. Paschka scheuerte unsere Rükken mit einem gräßlich harten Bastbesen, und dann rekelte er sich lange genießerisch auf der Schwitzbank. Er konnte es nicht heiß genug haben, Valka und ich drehten voll auf, setzten uns selber aber ganz unten hin, während Paschka uns von der obersten Bank aus verspottete.

„Ah, die jungen Leute, seid mir gegrüßt!" Sich schamhaft den Kübel vorhaltend, kam Andrej Iwanowitsch Kowalenko, Sinotschkas Vater, in die Schwitzkammer geschlüpft. Nackt wirkte er noch unscheinbarer, noch unansehnlicher.

„Heiß habt ihr's hier."

„Das und heiß?" trompetete Paschka von oben verächtlich. „Das sind bestenfalls die Subtropen! Das reinste Anapa! Valka, gieß noch einen drauf!"

„Jetzt ist Borka dran!" erklärte Valka. „Borka, los, gieß einen drauf."

„Muß das sein?" fragte Kowalenko schüchtern.

„Und ob!" unterbrach ich ihn. „Der Dampf tut den Knochen nichts."

„Das fragt sich." Andrej Iwanowitsch lächelte unmerklich.

In diesem Moment goß ich einen Kübel auf die glühenden Steine. Der Dampf prasselte und krachte, Paschka heulte begeistert auf, und Kowalenko seufzte.

Er stand ein Weilchen so da, überlegte, nahm seinen Kübel, drehte sich um und ging.

Er drehte sich um ...

Noch heute sehe ich diesen von Bajonetten, Messern und Säbeln zerhackten, zerstriemten und zernarbten Rücken vor mir. Nicht ein heiler Fleck – der ganze Rükken war bedeckt von dieser blauroten Handschrift des Bürgerkriegs.

Bei Iskras Mutter hatte derselbe Bürgerkrieg andere Spuren eingegraben. Ich weiß nicht, ob er Schrammen auf ihrem Körper hinterlassen hat, auf ihrer Seele aber bestimmt, das wurde mir später klar. Genauso wie auf dem Rücken von Sinotschkas Vater.

Iskras Mutter – ich habe ihren Vornamen vergessen, und heute kann ihn mir niemand mehr sagen – sprach häufig in Schulen, Fachschulen, Kolchosen und Fabriken. Sie sprach kurz und bündig, mit Kommandostimme, und wir hatten einen Heidenrespekt vor ihr.

„Die Revolution geht weiter, merkt euch das. Sie wird nicht eher aufhören, als bis wir den Widerstand des Klassenfeinds gebrochen haben. Bereitet euch auf den Kampf vor. Einen harten und unerbittlichen Kampf."

Aber vielleicht kommt mir das alles nur so vor? Ich werde alt, mit jedem Tag entferne ich mich weiter von jener Zeit, und nicht mehr die Wirklichkeit selbst, sondern nur die Vorstellung von ihr beherrscht mich heute. Vielleicht. Aber ich möchte nicht das schreiben, was mir das Alter diktiert, ich will in jene Tage zurückkehren, will wieder so jung und naiv sein wie damals.

Erstes Kapitel

„Alles klar – wunderbar!" unterbrach Sinotschka die Belehrungen ihrer Mutter.

Sie hatte es eilig, hinter ihr die Tür zuzumachen und zu verriegeln, während die Mutter, wie üblich, noch auf der Schwelle letzte Anweisungen erteilte: waschen, plätten, putzen, kochen, fegen. Gräßlich, was sie sich jedesmal ausdachte, bevor sie zur Arbeit ging. Gewöhnlich hörte Sinotschka geduldig zu, aber ausgerechnet heute fand Mutter überhaupt kein Ende, und der Gedanke, der Sinotschka plötzlich gekommen war, verlangte sofortiges Handeln, denn er war überraschend und – wie Sina vermutete – fast verbrecherisch.

Heute morgen hatte Sinotschka geträumt, sie sei am Flußufer. In diesem Jahr war sie zum erstenmal nicht einfach so, sondern zur Unterstützung der Lagerleiterin ins Ferienlager gefahren, die Brust geschwellt von Verantwortungsbewußtsein. Den ganzen Sommer über hatte sie so energisch die widerspenstigen Augenbrauen zusammengezogen, daß sich auf der Nasenwurzel eine senkrechte weiße Falte eingekerbt hatte. Sinotschka war sehr stolz darauf.

Aber im Traum war sie nicht mit den Pionieren zusammen, derentwegen sie die Brauen zusammengezogen hatte, sondern mit den Erwachsenen: den Gruppenleitern, Lehrern und übrigen Vorgesetzten. Sie aalten sich im Sand, und Sinotschka badete sogar, denn sie plantschte zu gern im seichten Wasser. Dann rief man sie, und Sinotschka kehrte ans Ufer zurück, denn sie hatte noch nicht verlernt, den Älteren zu gehorchen.

Als sie aus dem Wasser stieg, fühlte sie einen Blick, aufmerksam, taxierend, den Blick eines Mannes. Sinotschka wurde verlegen, preßte die Hände fest an die nasse Brust und ließ sich schleunigst in den Sand nieder. Und im süßen Halbschlaf war ihr, als habe sie dort am Flußufer keinen Badeanzug angehabt. Das Herz stand ihr für einen Augenblick still, aber die Augen machte sie trotzdem nicht auf, denn die Angst erschreckte sie nicht. Es war eine andere Art von Angst, der sie auf den Grund gehen wollte. Daher drängte sie die Mutter zur Eile – nicht die Angst beunruhigte sie, sondern der Entschluß, der Angst auf den Grund zu gehen. Dieser Entschluß kämpfte noch mit der Scham, und sie wußte nicht, was siegen würde.

Nachdem sie die Flurtür verriegelt hatte, stürzte sie ins Zimmer und zog erst einmal sorgfältig die Vorhänge zu. Dann riß sie sich in fieberhafter Eile die Sachen vom Leib und warf sie wahllos irgendwohin: Kittelkleid, Hemd, Büstenhalter, und nun noch den Schlüpfer … Sie hatte kaum den Gummi auseinandergezogen, da ließ sie ihn auch schon wieder los: er knallte schmerzhaft gegen den braungebrannten Körper, und Sinotschka kam zur Besinnung. Sie stand da und wartete, bis sich das hämmernde Herz beruhigt hatte, dann trat sie leise vor Mutters großen Spiegel. Sie näherte sich ihm wie einem Abgrund: jeden Schritt spürte sie und wagte nicht hineinzuschauen. Erst als sie unmittelbar davor stand, hob sie die Augen.

Die bleierne Spiegelkälte reflektierte ein braungebranntes kleines Mädchen mit vor verbrecherischer Neugier kreisrunden, wie Kirschen glänzenden Augen. Der ganze Körper war schokoladenbraun, nur die erstaunlich kräftigen Brüste und die Streifen von den Badeanzugträgern waren unwahrscheinlich weiß, als gehörten sie gar nicht dazu. Sinotschka betrachtete sich zum erstenmal ganz bewußt, sie musterte sich wie jemand Fremdes, freute sich und erschrak zugleich vor dem, was ihr bereits voll entwickelt dünkte. Aber entwickelt war lediglich die Brust, während sich die Hüften ganz und gar nicht runden wollten, so daß Sinotschka aufgebracht mit den Handflächen darauf klatschte. Aber mit den Hüften ging es noch an: immerhin hatten sie im Verlaufe des Sommers doch ein bißchen ausgelegt, und die Taille begann sich bereits abzuzeichnen. Die Beine dagegen waren ein echtes Ärgernis: sie liefen kegelförmig nach unten zu und wurden an den Knöcheln sagenhaft dünn. Die Waden waren platt und die Knie spitz wie bei einer Zwölfjährigen. Alles sah einfach gräßlich aus, und Sinotschka befürchtete, daß ihr die Natur da nicht helfen würde. Überhaupt hatte es glückliche Mädchen nur im vorigen Jahrhundert gegeben, weil man damals lange Kleider trug.

Vorsichtig prüfend reckte sie die Brust: ja, die war schon erwachsen, voller Zukunftserwartungen. Genau so würde sie selber werden: wohlgerundet, straff und elastisch. Natürlich wäre es schön, wenigstens noch ein Stückchen zu wachsen. Sina streckte sich und stellte sich vor, wie sie einmal aussehen würde, wenn sie noch ein bißchen wüchse, und war im großen und ganzen zufrieden. Wartet nur, ihr werdet mich noch einmal ganz anders ansehen, dachte sie selbstbewußt, drehte sich vor dem Spiegel und summte den Schlager „Die Sonne ist müde“ vor sich hin.

Da schrillte die Klingel. Das kam so plötzlich und unerwartet, daß Sinotschka so, wie sie sich vor dem Spiegel gedreht hatte, zur Tür stürzte. Dann rannte sie zurück, zog sich Hals über Kopf die herumliegenden Kleidungsstücke an und kehrte in den Flur zurück, unterwegs noch das Kittelkleid zuknöpfend.

„Wer ist da?“

„Ich bin's, Sinotschka."

„Iskra?" Sina schob den Riegel zurück. „Hätte ich gewußt, daß du's bist, hätte ich gleich aufgemacht. Ich dachte ..."

„Sascha ist von der Schule weg."

„Wie weg?"

„Ganz weg. Du weißt doch, er hat nur die Mutter. Und jetzt muß man Schulgeld bezahlen, da ist er einfach weg."

„Schrecklich!" Sina seufzte bekümmert und verstummte.

Sie hatte ein bißchen Angst vor Iskorka, obwohl sie fast ein Jahr älter war. Sie liebte Iskra heiß, hörte auf sie und fürchtete sich zugleich ein wenig davor, mit welcher Energie diese alle Fragen für sich und für Sina und überhaupt für alle, die es ihrer Meinung nach nötig hatten, entschied.

Iskras Mutter trug bis zum heutigen Tag eine abgewetzte Lederjacke der Bürgerkriegskämpfer, Stiefel und ein breites Koppel, das nach einem Schlag glühendrote Striemen hinterlassen hatte. Von diesen Striemen hatte Iskra keiner Menschenseele je ein Wort gesagt, weil die Scham noch schmerzhafter war. Außerdem wußte nur sie allein, daß ihre strenge, harte, unbeugsame Mutter eine zutiefst unglückliche und im Grunde einsame Frau war. Iskra bedauerte und liebte sie sehr.

Vor drei Jahren hatte sie diese schreckliche Entdekkung gemacht: Ihre Mutter war unglücklich und einsam. Das geschah ganz zufällig, als sie nachts einmal wach wurde und unterdrücktes Schluchzen hörte. Im Zimmer war es dunkel, nur jenseits des Schranks, der Iskras Bett von dem übrigen Zimmer abtrennte, sah man Licht. Iskra schlüpfte unter der Decke hervor, schaute vorsichtig hinüber und erstarrte. Den gesenkten Kopf mit beiden Händen umklammernd, saß ihre Mutter, am ganzen Körper zuckend, vor dem Tisch, auf dem die mit einer Zeitung zugedeckte Tischlampe brannte.

„Mamotschka, was ist passiert? Was hast du, Mamotschka?"

Iskra stürzte auf die Mutter zu, die erhob sich langsam, und ihre Augen waren tot. Dann wurde sie bleich, begann zu zittern und nahm zum erstenmal das Koppel ab.

„Heimlich beobachten und lauschen, was?“

So blieb die Mutter Iskra für immer im Gedächtnis, an den Vater konnte sie sich überhaupt nicht erinnern. Er hatte ihr den ungewöhnlichen Namen* geschenkt und war bereits in ihrer frühesten Kindheit verschwunden. Mutter hatte mit der gewohnten Unerbittlichkeit sämtliche Fotografien in den Ofen gesteckt.

„Er hat sich als Schwächling erwiesen, Iskra. Dabei ist er einmal Kommissar gewesen!“

Das Wort „Kommissar“ bedeutete für Mutter alles. Es war für sie das Symbol des Glaubens, das Symbol der Ehre und das Symbol ihrer Jugend. Schwäche war das direkte Gegenteil dieses ewig jungen, unbeugsamen Wortes, und Iskra verachtete Schwäche mehr als Verrat.

Die Mutter war für Iskra nicht nur ein Vorbild, sie war ein Idol, dem es nachzueifern galt. Mit einem Unterschied allerdings: Iskra hoffte sehr, glücklicher zu werden als ihre Mutter.

In der Klasse konnte man die beiden Freundinnen gut leiden. Aber während man Sinotschka einfach mochte und ihr schnell verzieh, so mochte man Iskra nicht nur, sondern hörte auch auf sie. Alle hörten auf sie, aber man ließ ihr auch nichts durchgehen. Iskra war sich dessen stets bewußt, und es machte sie auch ein wenig stolz, obwohl es manchmal nicht leicht war, das Gewissen der Klasse zu sein.

So hätte sich Iskorka um nichts in der Welt im Schlüpfer vor dem Spiegel gedreht. Und als Sinotschka nur daran dachte, wurde sie feuerrot und fürchtete, Iskra könnte ihre plötzliche Röte bemerken, wovon sie nur noch heftiger errötete. Dieser innere Kampf beschäftigte sie so sehr, daß sie der Freundin gar nicht mehr zuhörte, sondern nur röter und röter wurde.

„Was hast du denn angestellt?“ fragte Iskra plötzlich streng.

„Ich?“ Sinotschka zeigte höchstes Erstaunen. „Wo denkst du hin! Ich hab nichts angestellt.“

* Iskra – (russ.) der Funke.

„Erzähl mir keine Lügen. Ich weiß sehr wohl, wann du rot wirst."

„Aber ich weiß es nicht. Ich werde einfach rot, das ist alles. Wahrscheinlich habe ich zu hohen Blutdruck."

„Du spinnst", sagte Iskra ärgerlich. „Sag's lieber gleich, dann ist dir leichter."

„Ach!" Sinotschka wehrte resigniert ab. „Ich bin einfach ein hoffnungsloser Versager."

„Was bist du?"

„Ein hoffnungsloser Versager weiblichen Geschlechts. Ist das so unbegreiflich?"

„Eine hoffnungslose Quasselstrippe bist du." Iskra lächelte. „Kann man mit dir auch ernsthaft sprechen?"

Sinotschka wußte, wie sie den Verdacht zerstreuen konnte. Allerdings war „wissen" ein Wort, das sich auf Sina nur schwer anwenden ließ, zu ihr paßte besser das Verb „fühlen". Also, Sinotschka fühlte, wann und wie man den Argwohn der Freundin besänftigen konnte. Und sie tat das zwar intuitiv, aber fast immer mit Erfolg.

„Stell dir vor, Sascha – mit seiner Begabung! –, und verläßt die Schule. Begreifst du, was für ein Verlust das für uns alle und vielleicht sogar für das ganze Land ist? Er hätte Flugzeugkonstrukteur werden können. Hast du gesehen, was für Modelle er gebaut hat?"

„Warum will er nicht auf eine Fachschule für Flugzeugbau gehen?"

„Wegen seiner Ohren!" unterbrach sie Iskra. „Er hat sich als Kind die Ohren erfroren, und jetzt lehnt ihn die Ärztekommission ab."

„Du weißt aber auch alles", bemerkte Sinotschka nicht ohne Bosheit. „Ob es sich um Modelle oder um Ohren handelt."

„Nein, nicht alles." Iskra war über weibliche Nadelstiche erhaben. „Ich weiß zum Beispiel nicht, was wir mit Sascha machen sollen. Vielleicht uns ans Komsomolbezirkskomitee wenden?"

„Lieber Himmel, was hat denn das Bezirkskomitee damit zu tun?" stöhnte Sinotschka. „Iskra, ist dir im Laufe des Sommers auch der BH zu eng geworden?"

„Was für ein BH?"

„Na, ein ganz normaler BH. Du brauchst mich nicht gleich mit Blicken zu töten. Ich möchte einfach wissen, ob alle Mädchen so auseinandergehen, oder ob nur ich allein eine solche Mißgeburt bin."

Iskra wollte losdonnern, aber die naive Sinotschka auszuschimpfen war nicht leicht. Außerdem beschäftigte die Frage, die nur Sina hatte stellen können, auch Iskra, denn obwohl sie der geborene Kommandeur war, machten ihre sechzehn Jahre ihr doch genauso zu schaffen. Aber das hätte sie auch der engsten Freundin gegenüber nicht zugegeben, denn das bedeutete in ihren Augen Schwäche.

„Sinaida", sagte Iskra sehr ernst. „Du interessierst dich ganz und gar nicht für das, wofür sich eine Komsomolzin zu interessieren hat."

„Komsomolzin bin ich im Augenblick. Später einmal will ich Frau sein."

„Daß du dich nicht schämst!" fuhr sie die Freundin zornig an. „Hört euch das an: Sie träumt davon, nur Frau zu sein. Nicht Fliegerin, nicht Fallschirmspringerin, nicht Bestarbeiterin – nein, nur Frau möchte sie sein, Spielzeug in den Händen des Mannes."

„Sein Lieblingsspielzeug." Sinotschka lächelte. „Bloß Spielzeug, damit wäre ich nicht einverstanden."

„Hör auf, Blödsinn zu quatschen!" schrie Iskra. „Ich hab genug davon, das ist einfach widerlich. Das sind bourgeoise Abgeschmacktheiten, wenn du es wissen willst."

„Gewiß, doch früher oder später muß man sich mit ihnen vertraut machen", sagte Sinotschka versonnen. „Aber reg dich nicht auf, sondern laß uns lieber über Sascha reden."

Über Sascha hätte Iskra stundenlang reden können, und keinem, selbst den berüchtigsten Klatschtanten, wäre in den Sinn gekommen, daß „Iskra + Sascha = Liebe" ist. Und das nicht etwa, weil Iskra die Liebe als eine unzeitgemäße Erscheinung zornig ablehnte, sondern weil Sascha ja das Produkt von Iskras zielstrebigem Handeln war, der real existierende Beweis ihrer persönlichen Kraft, Beharrlichkeit und Willensstärke.

Noch vor einem Jahr war der Name Saschka Stameskin Gegenstand aller Pädagogischen Räte gewesen, er war in allen Rechenschaftsberichten aufgetaucht und am Schwarzen Brett, das man im Vestibül der Schule angebracht hatte, jedem in die Augen gefallen. Saschka klaute Kohlen aus dem Heizungskeller, tunkte den Mädchen die Zöpfe in die Tintenfässer und kam vom „Ungenügend“ prinzipiell nicht herunter. Zweimal wollte man ihn schon relegieren, doch die Mutter kam, weinte bitterlich und versprach Besserung, und Saschka blieb mit dem Vermerk des Direktors „bis zur nächsten Eintragung“. Die nächste Eintragung erhielt der unverbesserliche Stameskin, kaum daß die Mutter gegangen war, alles fing von vorn an, und zu den Novemberfeiertagen im vorigen Jahr war der Gipfel erreicht. Die Schule brodelte, und Saschka zählte schon die Tage, bis er die langersehnte Freiheit erhalten sollte.

Da tauchte an Saschkas wolkenlosem Horizont Iskra auf. Sie erschien nicht plötzlich, nicht so plitz plautz, sondern absolut überlegt und motiviert, denn Überlegung und Motiviertheit waren ein Zeichen von Stärke – als Gegensatz zu menschlicher Schwäche. Anläßlich der Novemberfeierlichkeiten beantragte Iskra ihre Aufnahme in den Komsomol, studierte das Statut und alles, was es zu wissen galt, aber dies war nur der passive, der Begleitumstand, das hätte sich jedes beliebige Mädchen einpauken können. Iskra aber wollte nicht ein beliebiges Mädchen sein, sie war etwas Besonderes, und mit Mutters Instruktionen und Mutters Beispiel vor Augen schritt sie zielstrebig auf ihr Ideal zu. Ihr Ideal war eine aktive, ruhelose, gesellschaftlich tätige Persönlichkeit – eine Persönlichkeit, wie sie von Kindheit an das stolze Wort „Kommissar“ für sie verkörperte. Das war kein Beruf, sondern eine Berufung, eine Pflicht, ein Leitstern des Schicksals. Und auf ihrer ersten Komsomolversammlung machte sie den ersten Schritt auf diesen Leitstern zu und lud sich freiwillig die schwierigste und undankbarste Bürde auf, die man sich denken konnte.

„Man braucht Saschka Stameskin nicht von der Schule zu verweisen“, verkündete sie wie immer laut und deutlich. „Vor den hier versammelten Mitgliedern des Leninschen Komsomol verspreche ich feierlich, daß Stameskin ein guter Schüler, Bürger und sogar Komsomolze wird."

Man applaudierte ihr, stellte sie als Vorbild hin, und Iskra bedauerte aus tiefstem Herzen, daß Mutter nicht auf der Versammlung anwesend war. Wenn sie dagewesen wäre und gehört hätte, was man über ihre Tochter sagte, dann würde sie – wer weiß! – vielleicht niemals mehr mit der üblichen verkrampften Bewegung das breite Koppel abschnallen und dabei kurz und böse, wie Pistolenschüsse, brüllen: „Hinlegen! Rock hoch! Los, los!"

Das letzte Mal war das vor zwei Jahren geschehen, zu Beginn der siebenten Klasse. Iskra hatte damals so schrecklich lange geschluchzt und gebebt, daß Mutter ihr Wasser eingeflößt und sie sogar um Verzeihung gebeten hatte.

„Bist du völlig übergeschnappt?" schrie Sinotschka nach der Versammlung. „Da hast du dir ja den Richtigen ausgesucht zum Umerziehen! Der schlägt dich zusammen. Oder ... Oder weißt du, was der vielleicht mit dir macht? Was man mit dem Mädchen im Park gemacht hat, wovon die Zeitungen berichtet haben."

Iskra lächelte stolz und hörte sich herablassend Sinotschkas Schauergeschichten an. Sie wußte nur zu gut, was sie tat: Sie stellte sich auf die Probe. Es war das erste zaghafte Ausprobieren ihrer eigenen „Kommissar"-Eigenschaften.

Am nächsten Tag erschien Stameskin nicht in der Schule, und Iskra ging nach dem Unterricht zu ihm nach Hause. Sinotschka bot todesmutig ihre Begleitung an, doch Iskra schnitt ihr das Wort ab: „Ich habe der Komsomolversammlung versprochen, selbst mit Stameskin fertigzuwerden. Verstehst du, selbst!"

Als sie dann aber durch den langen, dunklen, intensiv nach Katzen riechenden Korridor ging, krampfte sich ihr Herz vor Angst zusammen. Doch sie ließ auch nicht für eine Sekunde den Gedanken aufkommen, kehrtzumachen und zu sagen, sie habe niemanden zu Hause angetroffen. Sie vermochte nicht einmal sich selbst anzulügen.

Stameskin zeichnete Flugzeuge. Unwahrscheinliche,

märchenhaft stolze Flugzeuge, die kerzengerade in den wolkenlosen Himmel aufstiegen. Der ganze Tisch war mit Zeichnungen besät, und die, die keinen Platz mehr gefunden hatten, lagen auf dem schmalen Eisenbett. Als Iskra in dem winzigen Zimmerchen mit einem einzigen Fenster erschien, versuchte Saschka eifersüchtig seine Arbeiten zuzudecken, aber es gelang ihm nicht, und er wurde wütend.

„Was rückst du mir denn auf die Bude?"

Mit weiblichem Instinkt hatte Iskra schnell die Lage erfaßt: das schmutzige Geschirr auf dem Hocker, das zerwühlte, mit Zeichnungen bedeckte Bett, die Kasserolle auf dem Fensterbrett, aus der ein Löffel herausragte – alles zeugte davon, daß Saschkas Mutter Spätschicht hatte und Iskras erstes Zusammentreffen mit ihrem Schützling unter vier Augen stattfinden würde. Aber sie gestattete sich keine Angst und ging sofort zum Angriff über. Und zwar nahm sie Saschkas schwächste Seite aufs Korn, von der in der Schule niemand eine Ahnung hatte: seine romantische Verliebtheit in die Fliegerei.

„Solche Flugzeuge gibt es nicht."

„Was verstehst du schon davon!" antwortete Saschka heftig, aber in seiner Stimme schwang deutlich eine gewisse Interessiertheit.

Iskra nahm seelenruhig ihre Mütze ab, zog den Mantel aus – er war etwas eng, die Knöpfe waren bis an den äußersten Rand versetzt, und das machte sie immer etwas verlegen –, zupfte in gewohnter Manier das Kleid zurecht und ging geradenwegs auf den Tisch zu. Saschka verfolgte sie mit finsterer Miene, mißtrauisch und verärgert. Aber Iskra kümmerte sich nicht darum.

„Eine interessante Konstruktion", sagte sie. „Aber so ein Flugzeug fliegt nicht."

„Und warum nicht? Wenn es nun aber doch fliegt?"

„‚Wenn' – so ein Wort gibt es in der Luftfahrt nicht", sagte sie streng. „In der Luftfahrt ist die Berechnung alles. Bei dir ist die Hubkraft offensichtlich zu gering."

„Was für ein Ding?" fragte Stameskin reserviert, aber aufmerksam geworden.

„Die Hubkraft der Tragflächen", wiederholte Iskra unbeirrt, obwohl sie von dem, was sie sagte, durchaus nicht überzeugt war. „Du weißt, wovon sie abhängt?"

Saschka schwieg, von so viel Wissen erschlagen. Bis jetzt hatten die Flugzeuge für ihn nach dem gleichen Prinzip existiert wie die Vögel: sie fliegen, weil sie eben fliegen müssen. Er erfand seine Flugzeuge nach ästhetischen, nicht nach mathematischen Gesichtspunkten: ihm gefielen die Formen, die wie von selbst in den Himmel strebten.

Alles fing mit den Flugzeugen an, die nicht fliegen konnten, weil sie auf der Phantasie, nicht auf der Wissenschaft beruhten. Aber Saschka wollte, daß sie flogen, daß seine Flugzeuge das „Hochziehen" beherrschten, die „Rollen" und „Immelmanns", so wie er, Saschka Stameskin, der Fußballer und Raufbold, seinen Körper beherrschte. Dazu aber bedurfte es einer ausgesprochenen Lappalie – der Berechnung. Und dieser Lappalie wegen ging Saschka widerwillig und mit hämischem Grinsen zur Schule.

Aber Iskra genügte es nicht, daß sich Saschka für Mathematik und Physik begeisterte, Literatur über sich ergehen ließ, sich mit Geschichte herumquälte und mit sichtlichem Widerwillen deutsche Vokabeln paukte. Ihr nüchterner Verstand ließ sie den Zeitpunkt vorausahnen, da ihrem Schützling Stameskin alles über sein und er in die Gosse, zu seinen Kumpanen und dem gewohnten „Ungenügend" zurückkehren würde. Sie wollte diesen Zeitpunkt nicht abwarten, sondern begab sich geradenwegs in den Pionierpalast.

„Schlechte Schüler nehme ich nicht auf", sagte der strenge, bebrillte Zirkelleiter für Flugzeugmodellbau. „Soll er erst mal ..."

„Er ist nicht einfach ein schlechter Schüler", unterbrach ihn Iskra, obwohl es sehr unhöflich war, Älteren ins Wort zu fallen. „Meinen Sie, daß nur aus vorbildlichen Schülern gute Menschen werden? Und Tom Sawyer? Sehen Sie, Saschka ist so ein Tom Sawyer, allerdings hat er noch nicht seinen Schatz gefunden. Aber er wird ihn finden, Komsomolehrenwort! Helfen Sie ihm nur ein klein wenig! Bitte, helfen Sie einem Menschen!"

„Weißt du, Mädchen, mir scheint, er hat seinen Schatz schon gefunden", lächelte der Zirkelleiter.

Doch Saschka lehnte erst rundweg ab, in den heißersehnten Flugzeugmodellbauzirkel zu gehen. Er fürchtete, man könnte ihm dort im Handumdrehen beweisen, daß alle seine Träume Schall und Rauch seien und daß er, Sascha Stameskin, der Sohn einer Geschirrwäscherin aus der Betriebsküche und eines unbekannten Vaters, niemals in seinem Leben das silberne Metall eines wirklichen Flugzeugs berühren würde. Einfacher ausgedrückt, Saschka glaubte nicht an die eigenen Fähigkeiten und hatte gräßlichen Bammel, und Iskra mußte erst mit ihren stämmigen Beinen aufstampfen.

„Meinetwegen", seufzte er schicksalsergeben. „Aber du mußt mitkommen. Sonst laufe ich weg."

So gingen sie gemeinsam hin, obwohl sich Iskra überhaupt nicht für Flugzeuge interessierte, sondern für die wohlklingenden Gedichte Eduard Bagrizkis. Aber nicht nur das – Iskra hatte unlängst selbst mit einem Poem begonnen: „Nachdenken über einen Kommissar". „Über der Kolonne blutrot die Fahne weht. Kommissare, das ganze Land hinter euch steht ..." Und so weiter, zwei Seiten lang, und ganze zwanzig sollten es werden. Jetzt aber war erst einmal das wichtigste der Flugzeugmodellbau, Querruder, Rümpfe und die etwas rätselhafte Hubkraft. Ihr tat das beiseite gelegte Poem keineswegs leid, sie war vielmehr stolz, daß sie dem eigenen Lied auf die Kehle getreten war.

Eben darüber, über die Notwendigkeit, die kleinen persönlichen Schwächen dem großen Ziel unterzuordnen, und über die Genugtuung des Sichüberwindens sprach Iskra, als sie zum Pionierpalast gingen. Sascha aber schwieg, gepeinigt von Zweifeln, Hoffnungen und neuerlichen Zweifeln.

„Der Mensch wird nicht einfach so, zum Vergnügen, in die Welt gesetzt", dozierte Iskra, wobei sie mit „Vergnügen" die Zukunft und nicht die Vergangenheit im Auge hatte. „Sonst müßten wir anerkennen, daß die Natur lediglich eine Anhäufung von Zufälligkeiten ist, die keine wissenschaftliche Analyse zulassen. Das wiederum würde bedeuten, daß man sich von der Natur am Gängelband führen lassen muß, daß man ihr gehorsamer Diener wird. Können wir, die sowjetische Jugend, das zulassen? Das frage ich dich, Sascha."

„Sicher nicht", brummte Stameskin kleinlaut.

„Richtig. Das aber bedeutet, daß jeder Mensch – hörst du, jeder! – für ein bestimmtes Ziel geboren wird. Und dieses Ziel, diese Berufung muß man suchen. Man muß alles Zufällige, Zweitrangige ausrangieren lernen und dafür die Hauptaufgabe des Lebens herauskristallisieren ..."

„He, Stameska!"

Aus dem Torweg lösten sich drei Knabengestalten; den einen hätte man allerdings schon als jungen Mann bezeichnen können. Sie bewegten sich träge, wiegend, mit den Beinen rudernd.

„Wohin, Stameska?"

„Hab zu tun." Sascha verkrampfte sich, und Iskra bemerkte das augenblicklich.

„Vielleicht überlegst du dir's noch?" Der Älteste sprach widerwillig, als suche er angestrengt nach Worten. „Gib der Biene den Laufpaß, wir haben mit dir zu sprechen."

„Zurück!" befahl Iskra lautstark. „Schert euch in die Gosse zurück!"

„Was soll denn das?" grinste der Bursche.

„Aus dem Weg!" Mit beiden Händen stieß Iskra den Burschen vor die Brust.

Den Stoß bemerkte der kaum, aber er trat augenblicklich zur Seite. Iskra packte den verwirrten Stameskin an der Hand und zog ihn hinter sich her.

„Schaut euch diesen Bomber an! Komm du uns noch mal vor die Pupille, dann leuchten wir dir heim!"

„Dreh dich nicht um!" rief Iskra und zog Stameskin hinter sich her. „Das sind lauter jämmerliche Feiglinge."

„Wenn du wüßtest", stöhnte Saschka.

„Ich weiß", schnitt sie ihm das Wort ab. „Mut hat nur, wer das Recht auf seiner Seite hat. Die anderen sind nur frech, nichts weiter."

Trotz ihres Sieges war Iskra sehr bekümmert. Jeden Tag absolvierte sie systematisch ihr Gymnastikprogramm, spielte leidenschaftlich Basketball, joggte mit Begeisterung, aber die Knöpfe an den Blusen mußte sie immer weiter nach außen versetzen, die Kleider platzten aus allen Nähten, und die Röcke saßen von einem Jahr zum anderen so prall um die Hüften, daß Iskra in Verzweiflung geriet. Und dieses dämliche „Bomber" – noch dazu im Beisein Saschkas! – beleidigte sie tausendmal mehr als jedes Schimpfwort.

Saschka verliebte sich gleichzeitig in den gestrengen Zirkelleiter, in die leichtflügligen Segelflugzeuge und sogar in die Bezeichnung „Flugzeugmodellbauzirkel". Flugzeuge! Iskra hatte richtig kalkuliert: jetzt hatte Saschka etwas zu verlieren, und er klammerte sich an die Schule wie der Ertrinkende an den Strohhalm. Die zweite Etappe hatte begonnen, und Iskra ging jeden Tag zu Stameskin, nicht nur um Schularbeiten zu machen, sondern um ihm auch das beizubringen, was er während seiner eigenmächtigen Freistellung versäumt hatte. Das ging schon über das Versprechen, über das Programm hinaus: Iskra machte aus Saschka Stameskin das konsequent angestrebte Ideal.

Einen halben Monat nach der ersten Begegnung mit Saschkas ehemaligen Freunden traf sie erneut mit ihnen zusammen – diesmal ohne Sascha, ohne jeglichen Schutz, und auch nicht auf der Straße, wo man schließlich hätte losbrüllen können, obwohl Iskra eher gestorben wäre als um Hilfe gerufen hätte. Sie betrat den dunklen und gähnend leeren Hausflur, da wurde sie plötzlich gepackt, umklammert, unter den Treppenschacht geschleift und auf den bespuckten Zementfußboden geschleudert. Das geschah so unerwartet, schnell und lautlos, daß sich Iskra nur ducken und, die Knie an die Brust gepreßt, zusammenkauern konnte. Das Herz stand ihr still, und der Rücken straffte sich in Erwartung von Schlägen, aber man schlug nicht zu, sondern stieß, kniff und knuffte sie, schnaufend und sich gegenseitig behindernd. Irgendwessen Hände rissen ihr die Mütze herunter und griffen nach den Zöpfen, um den Kopf von den Knien wegzuzerren, einer langte ihr unverschämt unter den Rock und kniff ihr in die Hüften, einer faßte ihr an den Busen. Sie drängelten und stießen, fauchten, keuchten, rempelten …

Nein, sie wollten sie nicht verprügeln, sondern einfach anfassen, kneifen und drücken, „betatschen und begrapschen", wie die Bengels das nannten. Sowie Iskra das begriffen hatte, war ihre Angst im Nu verflogen, aber eine solche Wut packte sie, daß sie fast erstickte. Sie biß dem einen in die Hand, stieß den, der ihr unter den Rock gefaßt hatte, mit den Beinen beiseite, sprang auf und schaffte es, drei Stufen auf einmal nehmend, die Treppe hinauf in den langen Flur vor Saschkas Wohnung zu stürmen.

Ohne Klopfen stürzte sie ins Zimmer: feuerrot, zerzaust, die Knöpfe vom Mantel abgerissen, mit beiden Händen immer noch die volle Schultasche gegen die Brust gepreßt. Sie schloß die Tür hinter sich und lehnte sich mit dem Rücken dagegen. Noch einen Augenblick, und – das spürte sie – sie würde von dem unaufhörlichen Zittern in den Knien auf den Fußboden knallen.

Saschkas Mutter, vergrämt und ausgemergelt, briet Kartoffeln auf dem Petroleumkocher, Saschka selbst saß am Tisch und mühte sich redlich mit Hausaufgaben ab. Beide schauten schweigend auf Iskra, und die erklärte mit einem gequälten Lächeln: „Sie haben mir aufgelauert, dort unten. Entschuldigen Sie bitte."

Mit dem ganzen Körper stieß sie sich von der Tür ab, machte zwei Schritte, ließ sich auf den Hocker fallen und schluchzte bitterlich – vor Angst, Kränkung und Erniedrigung.

„Was ist mit Ihnen, Iskra?" Saschkas Mutter behandelte sie respektvoll wie eine Erwachsene. „Um Himmels willen, was hat man Ihnen getan?"

„Die Mütze haben sie mir weggenommen", murmelte Iskra kläglich und verwirrt, wobei sie krampfhaft lächelte und die Tränen auf den prallen Wangen verschmierte. „Mutter wird außer sich sein und mich wegen der Mütze ausschimpfen."

„Wie ist so was nur möglich!" rief Saschkas Mutter weinerlich. „Trinken Sie einen Schluck Wasser, Iskra!"

Saschka kam hinter dem Tisch hervor, schob seine hilflos hin und her hastende Mutter wortlos beiseite und ging aus dem Zimmer.

Nach einer halben Stunde kehrte er zurück. Er legte

Iskras blaue Strickmütze vor sie hin, spuckte zwei Vorderzähne und Blut in den Ausguß und wusch sich lange und ausgiebig das zerschlagene Gesicht. Iskra hatte aufgehört zu weinen und beobachtete ihn erschrocken; er begegnete ihrem Blick und rang sich ein Lächeln ab.

„Machen wir uns an die Schularbeiten, oder?"

Seit diesem Tag waren sie unzertrennlich. Sie gingen zusammen zur Schule und zum Schlittschuhlaufen, ins Kino und ins Konzert, in den Lesesaal und bummeln. Einfach so, durch die Straßen. Immer und überall sah man sie zusammen, aber niemand wäre auf die Idee gekommen, über die beiden zu lästern. Alle in der Schule wußten, daß Iskra ein guter Freund sein konnte, aber niemand, kein Mensch – Saschka eingeschlossen – wußte, daß sie auch lieben konnte. Übrigens wußte das nicht einmal Iskra selbst. Alles hieß vorläufig Freundschaft, und ihr reichte völlig aus, was dieses Wort beinhaltete.

Nun also hatte Saschka Stameskin, der so viel Kraft und Zähigkeit darauf verwandt hatte, an die Verwirklichung seines Wunschtraums zu glauben, und der viele Klassenkameraden eingeholt und teilweise sogar überholt hatte, der Schule den Rücken gekehrt. Das war nicht nur eine Ungerechtigkeit – das bedeutete den Zusammenbruch aller Hoffnungen von Iskra, ihrer bewußten und noch unbewußten Hoffnungen.

„Vielleicht veranstalten wir eine Sammlung für ihn?"

„Das ist absolut genial und absolut schwachsinnig zugleich!" Sina schlug die Hände überm Kopf zusammen. „Geld sammeln ist eins. Aber nimmt er es auch an?

„Er wird es annehmen", sagte Iskra, ohne zu überlegen.

„Weil du ihn dazu zwingst. Du kannst sogar mich dazu bringen, die Haut von der Milch zu essen, obwohl ich genau weiß, daß ich davon sterbe." Sinotschka zuckte voll Abscheu die Achseln. „Das ist ein Almosen, und deshalb ist es Schwachsinn. Du bist schwachsinnig, das ist alles. Ein unüberlegtes Frauenzimmer."

Iskra mochte das Wort Frauenzimmer nicht, und Sinotschka nutzte die Gelegenheit, sie aufzuziehen. Selten genug kam es vor, daß Iskra wie jetzt keinen Ausweg wußte! Sina aber wußte einen und triumphierte im stillen. Aber lange vermochte sie ihren Triumph nicht zurückzuhalten. Sie war impulsiv und gutherzig und rückte immer mit allem heraus, was ihr auf der Seele brannte.

„Er muß in den Flugzeugwerken untergebracht werden!"

„Er muß lernen", erwiderte Iskra etwas unsicher. Aber sie widersprach schon mehr aus Gewohnheit, aus der Überzeugung heraus, daß sie bis jetzt immer und in allem recht gehabt hatte. Die mit klingender Stimme vorgetragene Entscheidung der Freundin war so einleuchtend, daß man sich nicht lange dagegen sträuben konnte. Lernen? Das könnte er in der Abendschule. Ein Zirkel? Spielerei! Dort dagegen handelte es sich um eine Fabrik, dort spielte man nicht mit Modellen, dort baute man richtige Flugzeuge, die schönsten und besten Flugzeuge der Welt, die wiederholt Weiten-, Höhen- und Geschwindigkeitsrekorde aufgestellt hatten. Aber Iskra konnte sich nicht sofort geschlagen geben, denn die Entscheidung – und sobald sie Saschka erführe, würden seine Augen erneut aufleuchten – stammte diesmal nicht von ihr.

„Denkst du, das ist so einfach? Das ist ein Betrieb mit höchster Geheimhaltungsstufe, dort stellt man nur absolut sichere Leute ein."

„Ist Saschka vielleicht ein Spion?"

„Unsinn, aber dort muß man einen Fragebogen ausfüllen. Und was schreibt er in die Spalte ‚Vater'? Na? Seine eigene Mutter weiß nicht, wer sein Vater ist."

„Was du nicht sagst!" In Sinotschkas Augen flammte unverschämte Neugier auf.

Höchste Zeit für Iskra zu schweigen. Aber nachdem sie auch diesen Punkt abgegeben hatte, versicherte sie erneut, daß es sehr schwierig sein würde mit den Flugzeugwerken. Sie übertrieb bewußt, denn sie hatte einen Ausweg parat: das Stadtbezirkskomsomolkomitee. Das allmächtige Stadtbezirkskomsomolkomitee. Und dieser Ausweg sollte jenen Hieb auf die Eigenliebe kompensieren, den ihr Sina mit ihrem Vorschlag versetzt hatte.

Doch Sinotschka dachte konkret und planlos und verließ sich völlig auf die Intuition. Und diese angeborene Intuition gab ihr augenblicklich die Lösung ein.

„Und Vika Ljuberezkaja?"

Vika Ljuberezkajas Vater hatte das gesamte Handelsnetz der Stadt unter sich. Und Vika selbst saß seit acht Jahren mit Sinotschka auf einer Schulbank. Iskra dagegen war nicht besonders gut auf Vika zu sprechen. Erstens war Vika ebenfalls eine ausgezeichnete Schülerin, zweitens war Iskra etwas eifersüchtig auf sie wegen Sinotschka, vor allem aber hielt Vika immer einen gewissen Abstand, war eine Spur herablassend gegenüber allen Mädchen und hochmütig gegenüber allen Jungs, wie eine Königinwitwe. Vika wurde als einzige von einem Dienstwagen zur Schule gebracht. Er setzte sie zwar nicht vor dem Schulgebäude selbst, sondern hinter dem nächsten Häuserblock ab, und von dort ging Vika zu Fuß, aber alle wußten davon. Vika konnte als einzige den Mädchen seidene Unterwäsche aus Paris vorführen – derentwegen sie Sinotschka qualvoll beneidete und Iskra stolz verachtete. Vika hatte als einzige einen echten sibirischen Fehpelz, eine Schweizer Uhr mit Leuchtziffern und einen Füller mit Goldfeder. Alles zusammen machte Vika zu einem Wesen aus einer anderen Welt, für das Iskra von Kindheit an ironisches Mitleid empfand.

Sie rivalisierten sogar hinsichtlich der Frisur. Während Iskra unbeirrt zwei Zöpfchen hinter den Ohren und Sina – wie die meisten Mädchen der Klasse – einen Bubikopf trug, hatte Vika eine richtige Erwachsenenfrisur, wie aus dem Friseursalon.

Außerdem war Vika eine Schönheit. Kein niedliches Pummelchen wie Iskorka und kein hübscher Wildfang wie Sinotschka, sondern ein voll entwickeltes, ruhiges, selbstsicheres und anmutiges Mädchen mit großen grauen Augen. Der Blick dieser Augen war ungewöhnlich: er schien durch den Gesprächspartner hindurchzugehen in eine nur Vika sichtbare Ferne, und diese Ferne mußte wunderschön sein, denn Vika lächelte ihr zu.

Iskra und Sina hatten verschiedene Ansichten von Schönheit. Iskra akzeptierte die Schönheit, die auf Bildern, in Büchern, in der Musik oder in der Skulptur ihre endgültige Verkörperung gefunden hatte, im Leben aber verlangte sie nur innere Schönheit, während sie jeglicher anderen von vornherein mißtraute. Sinotschka dagegen huldigte der Schönheit schlechthin, sie bewunderte sie neidvoll bis zu Tränen und betete sie wie ein Heiligtum an. Schönheit war für sie eine lebendige und allmächtige Gottheit. Für Iskra war Schönheit lediglich ein Resultat, der Triumph von Verstand und Talent, der folgerichtige Beweis des Sieges von Wille und Verstand über die unbeständige und schwache menschliche Natur. Deshalb war es für Iskra unmöglich, Vika um etwas zu bitten.

„Ich selbst werde sie darum bitten!" beteuerte Sina enthusiastisch. „Vika ist ein Schatz, Komsomolehrenwort!"

„Bei dir ist jeder ein Schatz."

„Wenigstens einmal, nur dieses eine Mal vertraue mir, Iskorka!"

„Also gut", stimmte Iskra nach kurzem Schwanken gnädig zu. „Aber es duldet keinen Aufschub. Übermorgen ist der erste September."

„Danke!" Sina lachte. „Du wirst selbst sehen, wie vorzüglich sich alles regeln wird. Dafür muß ich dir einen Kuß geben."

„Du kannst deine Albernheiten nicht lassen", seufzte Iskra, hielt aber trotzdem der Freundin die glatte Wange hin. „Ich laufe zu Sascha, damit er nicht womöglich noch etwas anstellt."

Am ersten September bremste der schwarze „Emka" einen Häuserblock von der Schule entfernt. Vika sprang leichtfüßig heraus, ging, wie immer ohne jemanden zu beachten, bis zum Schultor und wandte sich direkt an Iskra.

„Grüß dich. Es war wohl dein Wunsch, daß Stameskin in den Flugzeugwerken anfängt? Du kannst ihm sagen, er soll sich morgen in der Kaderabteilung melden."

„Danke, Vika", sagte Iskra, bemüht, deren siegesbewußte Überheblichkeit zu übersehen.

Doch ihre Stimmung war verdorben, und sie betrat die Klasse ganz und gar nicht mehr so strahlend, wie sie eine halbe Stunde zuvor auf den Schulhof gekommen war.

Zweites Kapitel

Im Sommer war Artjom als Gelegenheitsarbeiter untergekommen. Er schaufelte Wasserleitungsgräben, isolierte die Rohre mit Teer, half als Schlosser aus. Er drückte sich vor keiner Arbeit, immer gut gelaunt ging er nach einem Schraubenschlüssel oder einem Päckchen „Belomor", faßte zu, wo man ihn darum bat, aber seinen Prinzipien blieb er treu. Von Anfang an schenkte er der Brigade reinen Wein ein: „Nur, ich ... Tja also ... Ich rauche nicht. Bietet mir also erst gar keine an."

„Bist wohl lungenkrank?" fragte der Brigadier teilnahmsvoll.

„Ich betreibe Sport. Tja also, Leichtathletik."

Artjom sprach schrecklich unbeholfen und genierte sich fürchterlich. Er fand einfach keine Worte und nahm meistens seine Zuflucht zu dem rettenden „Tja also". Das war um so merkwürdiger, als er viel und leidenschaftlich las und sich schriftlich nicht schlechter ausdrückte als die anderen, aber mit dem Mündlichen wollte es einfach nicht klappen. Deshalb liebte Artjom schon seit der vierten Klasse die exakten Wissenschaften heiß und innig und haßte alle Fächer, wo man viel reden mußte. Wenn er zur Tafel gerufen wurde, hatte das immer einen Heiterkeitsausbruch der Klasse zur Folge. Die Schlauköpfe verspritzten ihren Geist im Vorsagen, die Dösköpfe zählten, wie oft er „tja also" sagte, und der zartbesaitete Artjom litt nicht nur moralische, sondern auch physische Qualen, die in richtige Bauchschmerzen ausarteten.

„Aber mit dir rede ich doch ganz normal, oder?" klagte er seinem besten Freund Shorka Landys sein Leid. „Nichts tut mir weh, kein Schweißausbruch, und über den ... den Rachmetow kann ich auch erzählen. In der Klasse aber geht es einfach nicht."

„Kein Wunder. Du kommst beinahe um an der Tafel, und sie glotzt dich an."

„Wen meinst du mit sie?" erboste sich Artjom. „Hör auf mit deinen dummen Anspielungen."

Aber es gab *sie* wirklich. *Sie* tauchte gegen Ende des fünften Schuljahrs auf, als die Sonne durch die Fensterscheiben brannte, die Spatzen randalierten und der finstere Grigori Andrejewitsch – der Klassenlehrer, der die gräßliche Angewohnheit hatte, wegen jeder Kleinigkeit die Eltern kommen zu lassen – das Mikroskop angeschleppt brachte.

Gegeben hatte es *sie* natürlich auch schon zuvor. Irgendwo dort vorn, unter den Mädchen und den Vorzugsschülern, die Artjom nicht verknusen konnte, und so hatte er sie einfach nicht gesehen. Im wahrsten Sinne des Wortes nicht gesehen, so als sei sein Blick durch all ihre Zöpfchen und Schleifchen hindurchgegangen. Und ihm fehlte nichts, und ihr sicherlich auch nicht.

Bis zur fünften Klasse, gegen Ende Mai. Bis zu dem Tag, als Grig das Mikroskop angeschleppt brachte und die Gläser vergessen hatte.

„Nicht anrühren", sagte er und ging sie holen.

Artjom aber blieb an der Tafel stehen, denn er hatte Aufsicht, und keiner hatte ihm erlaubt, sich auf seinen Platz zu setzen. Grig wurde aufgehalten, die Klasse amüsierte sich, so gut es ging, und bald kam von der hintersten Bank, von „Kamtschatka", der leere Schulranzen von Wowik Chramow an die Tafel geflogen. Wowik, der stille Vorzugsschüler, war so in seinen „Tarzan" versunken, daß er nicht protestierte, und so schleuderte man die Tasche durch das ganze Klassenzimmer, und Artjom fing sie gekonnt und warf sie zurück. Das ging so lange, bis er die Tasche verfehlte und diese genau gegen das Mikroskop sauste.

Grig trat in dem Augenblick ein, als das Mikroskop auf den Fußboden krachte. Die Klasse erstarrte, die Köpfe der „Kamtschatka" beugten sich über die Pulte, die Vorzugsschüler duckten sich, und das restliche Volk reckte in furchtloser Neugier die Hälse. Eine lange Pause trat ein. Grig hob das Mikroskop auf, und in ihm klirrte etwas, wie in einer leeren Flasche.

„Wer war das?" flüsterte er.

Hätte er geschrien, wäre alles viel leichter gewesen, aber dann hätte Artjom auch nicht erfahren, wer *sie* war. Aber Grig fragte mit einem Flüstern, das das Blut in den Adern der Zwölfjährigen zu einem feigen Klümpchen erstarren ließ.

„Wer hat das getan?"

„Ich!" sagte Sinotschka laut und deutlich. „Ehrenwort, aber nicht absichtlich."

In diesem Augenblick war Artjom klar: *sie* – das war Sina Kowalenko. Ein für allemal war ihm das klargeworden. Das stellte eine große Offenbarung dar, und Artjom hütete sie wie ein Heiligtum. Das war etwas außerordentlich Ernsthaftes und Erfreuliches, aber diese Freude in Wirklichkeit umzusetzen, damit hatte es Artjom nicht eilig, weder heute noch morgen, noch in absehbarer Zeit. Er wußte jetzt, daß es diese Freude gab, und war fest überzeugt, daß sie ihren Weg zu ihm finden würde, man mußte nur geduldig warten.

Artjom war der jüngste der Geschwister: zwei Brüder arbeiteten schon als Schlosser, und Rosa – die schönste und unternehmungslustigste – hatte in diesem Sommer das elterliche Haus verlassen. Artjom wollte sich an diesem Tag gerade zur Arbeit aufmachen: man hatte ihn zum Gräbenausheben angeheuert, und er war sehr stolz darauf. Der Vater und die Brüder waren schon fort, und Mutter machte Artjom in der Küche Frühstück. Artjom glaubte, er sei allein mit der Mutter zu Hause, und kostete das aus: „Mama, ich will doch keine Butter, Mama, ich nehme doch Zucker."

Da trat Rosa ein. Zerzaust, unausgeschlafen, in ihrem Kindermorgenrock, aus dem längst Knie und Ellbogen hervorsahen und der vorn ganz schön sperrte. Sie war drei Jahre älter als Artjom, besuchte die Baufachschule, trug Ponyfrisur und hochhackige Pumps, und Artjom war ein kleines bißchen verliebt in das tolle Nebeneinander von schwarzem Haar, roten Lippen und perlweißem Lächeln. Aber heute war statt des Lächelns nur unausgeschlafene Zerzaustheit.

„Rosa, wo warst du in der Nacht?" fragte Mutter leise.

Rosa zuckte vielsagend mit der in den alten Morgenrock gezwängten Schulter.

„Rosa, der Junge ist da, sonst hätte ich ganz anders gefragt", sagte die Mutter und seufzte. „Einmal hat dich Vater schon geohrfeigt, und das hat dir doch sicher nicht gefallen."

„Laßt mich in Frieden!“ schrie Rosa plötzlich. „Es reicht mir, es reicht!“

Mutter schaute sie ruhig und aufmerksam an, ließ den Teekessel vollaufen, stellte ihn auf den Spirituskocher und schaute sie noch einmal an. Dann sagte sie: „Ich habe dich als Kind auf den Topf gesetzt und deine Strümpfe gestopft. Kannst du mir wirklich nicht die Wahrheit sagen?“

„Ich hab es satt, das ist es!“ erwiderte Rosa laut, aber doch etwas leiser als zuvor. „Ich liebe einen Jungen, und er liebt mich, und wir werden heiraten. Und wenn ich aus dem Haus gehen muß, dann gehe ich eben, aber heiraten werden wir, und basta.“

So erfuhr Artjom von einer Liebe, um derentwillen man das elterliche Haus verläßt. Und diese Liebe trat ihm nicht im Ballkleid entgegen, sondern in einem alten Morgenrock, der Hüften, Schultern und Brust kaum zu umschließen vermochte und aus allen Nähten platzte. Daß es Liebe war, daran zweifelte Artjom keinen Augenblick, denn von zu Hause fortgehen, den strengen, aber so rechtschaffenen Vater und die Mutter, die gütigste und klügste von allen, zu verlassen – so etwas konnte man nur aus irrsinniger Liebe tun. Er war stolz, daß Rosa eine solche Liebe gefunden hatte, und ein wenig beunruhigt, daß sie ihn dagegen zu übersehen schien.

Vater hatte kategorisch untersagt, den Namen der Tochter in seinem Hause auch nur zu erwähnen. Er war streng und wurde sich auch nicht durch ein unversehens entschlüpftes Wort untreu. Alle stimmten schweigend der Vertreibung der verlorenen Tochter zu, aber nach einer Woche, als die Erwachsenen zur Arbeit gegangen waren, sagte Mutter mit niedergeschlagenen Augen: „Mein Junge, du mußt deinen Vater hintergehen.“

„Hintergehen?“ Artjom hörte vor Verwunderung auf zu kauen.

„Das ist eine große Sünde, aber ich nehme sie auf mich“, seufzte Mutter. „Morgen feiert unsere Rosa Hochzeit mit ihrem Pjotr, und es wird für sie sehr bitter sein, wenn keiner ihrer Verwandten bei ihr ist. Vielleicht siehst du ein halbes Stündchen bei ihr vorbei, und Vater sagen wir, du schaust dir irgendeinen Film an.“

„Aber welchen?“ fragte Artjom.

Mutter zuckte die Achseln. Sie war ganze zwei Male vor ihrer Verheiratung im Kino gewesen und kannte nur Vera Cholodnaja.

„Die Schatzinsel!“ erklärte Artjom. „Ich hab sie schon gesehen und kann den Inhalt erzählen, wenn Matwej danach fragt.“

Matwej war nicht viel älter als Artjom und ließ sich zu Fragen herab. Der älteste, Jakow, betrachtete das als unter seiner Würde und nannte Artjom Steppke.

„Steppke, hol den Hammer! Siehst du nicht, aus dem Küchentisch ragt ein Nagel hervor. Mutter kann sich verletzen.“

Mutter sagte dann immer: „Ich brauche keinen Reichtum, Hauptsache, ich habe gute Kinder.“

Am nächsten Tag zog sich Artjom die Sonntagsjacke an, bewaffnete sich mit einem Blumenstrauß und machte sich auf zu Rosa. Bis zu ihr waren es fünf Haltestellen, aber Artjom fuhr nicht mit der Straßenbahn, weil er Angst hatte, die Blumen zu drücken, und er hielt sie den ganzen Weg wie eine Kerze vor sich. So kam er denn auch mit Verspätung an: der Versammlungsraum des Wohnheims, wo mit Essen und Trinken beladene Tische standen, war brechend voll von lärmenden jungen Leuten. Wie betäubt von dem Gelächter und Geschrei, stand Artjom an der Tür und versuchte hinter den Bergen von Salatschüsseln Rosa ausfindig zu machen.

„Timka ist gekommen! Leute, reicht mir mein Brüderlein herüber!“

Ehe er sich's versah, hatte man ihn gepackt, hochgehoben und ihn wunschgemäß die Tafel entlang nach vorn gereicht und vor Rosa hingestellt.

„Hier hast du dein Geschenk, Rosa!“

Erst in dem Moment sah Artjom, daß zu beiden Seiten von Bräutigam und Braut die Brüder saßen. Rosa küßte ihn ab, und Jakow murmelte beifällig: „Bist ein Prachtkerl, Steppke. Aber kein Wort zu Vater.“

Rosa kam hin und wieder frühmorgens vorbei, doch Artjom sah sie selten. Petka dafür um so öfter; der kam zu ihnen, als sie die Wasserrohre verlegten, brachte Artjom das Schweißen bei, und so freundeten sie sich im

Laufe des Sommers an. Petka konnte und verstand alles, und in seiner Gegenwart fühlte sich Artjom wohler als mit den Brüdern.

Das war im Sommer. Anfang September aber wurde Artjom ausgezahlt und brachte Mutter seinen Lohn.

„Hier ist das Geld." Sämtliche Scheine und Münzen legte er auf den Tisch.

„Durch Arbeit erworbenes Geld gehört in ein gutes Portemonnaie", sagte Mutter und holte eine Geldbörse, die sie eigens für diesen Anlaß gekauft hatte. „Pack alles Geld da hinein und geh mit Rosotschka und Pjotr in das Warenhaus."

„Nein, Mutter, das ist für dich, Haushaltsgeld."

„Du wirst einen Anzug haben und ich Freude darüber. Meinst du etwa, das ist nichts: Freude über den Anzug, den sich der Sohn für sein eigenes Geld gekauft hat?"

Artjom war erst strikt dagegen, wie es sich gehörte, aber dann steckte er das Geld ins Portemonnaie, und am nächsten Morgen machte er sich zu den Jungverheirateten auf. Nur Pjotr war im Heim, Rosa war schon in der Schule.

„Ein Anzug, das ist schon was", lobte Pjotr die Idee. „Ich weiß, was für einen du kaufen mußt: im Moskauer oder Leningrader Kaufhaus. Dann gibt es noch das Sportsakko, mit einem Knopf. Oder vielleicht willst du dir einen nähen lassen? Wir kaufen Anzugstoff ..."

„Ich werde mich auch im Jackett wohl fühlen", sagte Artjom. „Zu meinem sechzehnten. Ist das ein Tag?"

„Das ist es." Pjotr nickte. „Du willst es also zum Geburtstag haben?"

„Ich will, tja also ..." Es folgte eine lange Pause. „Feiern möchte ich."

„Ach so." Pjotr begriff. „Statt des Anzugs eine Feier?"

„Genau. Und wegen des Geldes sage ich, ich hab es verloren. Oder man hat es mir geklaut."

„Das geht wirklich nicht", sagte Pjotr ernst. „Das gehört sich einfach nicht: der erste Lohn und eine Lüge? Das bedeutet, das Leben gleich mit Lügen beginnen. Niemals. Das zum ersten. Und zum zweiten: Warum die

Eltern kränken? Sie sollen sich doch auch über deinen Geburtstag freuen. Oder etwa nicht?"

„Das schon. Nur, tja also, was ist mit Rosa und dir?"

„Wir feiern mit dir ein andermal", lächelte Pjotr. „Und jetzt flitze zu Mutter und sag ihr, daß du den Anzug gegen eine Geburtstagsfeier eintauschst."

Die Mutter war sofort einverstanden, Vater nach kurzem Zögern ebenfalls, und Artjom rannte, anstatt die verhaßten Kaufhäuser abzuklappern, zu seinem Busenfreund Shorka – um zu beraten, wen man zu dieser ersten Party seines Lebens einladen sollte.

Für Shorka Landys gab es zwei Dinge, die ihm Spaß machten: Schlittschuhlaufen und Briefmarkensammeln; den Schlittschuhen galt seine Vorliebe, den Marken seine ganze Leidenschaft. Er durchstöberte Großmutters Truhen, bettelte ohne jedes Schamgefühl seine Bekannten an, tauschte, kaufte, und wenn er der Versuchung gar nicht widerstehen konnte, stahl er sie sogar. Als erster aus der Klasse trat er der MOPR* bei, schrieb eigenhändig Briefe nach Deutschland, dann nach Spanien und schließlich nach China, löste gierig die Marken ab und verfaßte sogleich neue Schreiben. Diese Aktivität brachte ihm den Ruf eines unternehmungslustigen und weltgewandten Menschen ein, und Artjom holte sich Rat bei ihm.

„Man muß eine Auswahl treffen", sagte Shorka, „und nicht die ganze Klasse einladen."

Artjom wäre auch mit der ganzen Klasse einverstanden gewesen, Hauptsache, *sie* war dabei. Shorka nahm ein Blatt Papier und begann mit der Liste.

„Du, ich, Valka Alexandrow, Paschka Ostaptschuk ..."

Mit der männlichen Hälfte waren sie schnell fertig. Dann legte Shorka den Kugelschreiber beiseite und erhob sich.

„Die Mädchen schreib selber auf."

„Nein, nein, warum denn?" Artjom erschrak. „Du hast eine bessere Schrift, außerdem hast du mehr Übung."

„Das stimmt", sagte Landys geschmeichelt. „Weißt du,

* Internationale Hilfsorganisation für die Kämpfer der Revolution.

wohin ich sogar ein Schreiben losgelassen habe? An den Völkerbund wegen der Kinderfrage. Ob eine Antwort kommt? Das wäre eine Marke, stell dir vor!"

„Also los", sagte Artjom, „mit wem fangen wir an?"

„Das ist eine Frage!" Shorka lachte. „Sag lieber, wen wir außer Sinka Kowalenko noch auf die Liste setzen sollen."

„Iskra." Artjom legte die Stirn in Denkerfalten, obwohl er gern einfach vor sich hin gelächelt hätte. „Und wen noch? Lena Bokowa, sie ist mit Paschka befreundet. Und dann noch ..."

„Saschka Stameskin", unterbrach ihn Shorka. „Ohne ihn wäre Iskra eingeschnappt, und ohne Iskra ..."

„Ohne Iskra auf keinen Fall", seufzte Artjom.

Beide mochten sie Saschka nicht: Er gehörte zu einer anderen Clique, mit der man einige Male ernsthaft aneinandergeraten war. Aber ohne Saschka könnte Iskra wegbleiben, und das wiederum bedeutete fast mit Sicherheit eine Absage Sinotschkas.

„Schreib schon Stameskin auf", sagte Artjom resigniert. „Er gehört jetzt zur Arbeiterklasse und haut vielleicht nicht mehr so auf den Putz."

„Und Vika Ljuberezkaja", sagte Shorka, ohne mit der Wimper zu zucken.

Artjom lächelte: Vika war schon seit langem Shorkas Traum. Ein himmelblauer, wie eine Antwort vom Völkerbund.

Es war also beschlossene Sache, den Geburtstag am dritten Sonntag im September zu feiern. Sie hatten sich an das Wort „Sonntag" noch nicht recht gewöhnt und schrieben „am dritten arbeitsfreien Tag", aber die Post war schneller, als Artjom angenommen hatte. Am Mittwoch erschien Iskra bei ihm und fragte streng: „Diese Postkarte ist doch nicht etwa ein Jux?"

„Aber warum denn?" Artjom schnaufte unzufrieden. „Ich, tja also ... Ich werde sechzehn."

„Und warum ist das nicht deine Handschrift?" Iskra ließ nicht locker.

„Shorka hat es geschrieben. Ich habe eine Sauklaue, wie du weißt."

„Iskra hat den Argwohn eines Untersuchungsrichters

und den Scharfblick eines Sherlock Holmes“, sagte Vika laut. „Danke, Artjom, ich komme auf jeden Fall.“

Artjom machte es etwas Sorge, wie sich seine Brüder inmitten der Klassenkameraden verhalten würden, aber es stellte sich heraus, daß sowohl Jakow als auch Matwej gerade an diesem Tag verhindert waren. Sie gratulierten frühmorgens dem kleinen Bruder und machten sich eine Stunde vor dem Eintreffen der Gäste aus dem Staub, nachdem sie zuvor alle Tische, Stühle und Bänke in ein Zimmer geschafft hatten.

„Gegen elf sind wir zurück. Amüsier dich gut, Steppke!“

Die Brüder gingen weg, Vater und Mutter blieben daheim. Sie saßen oben am Tisch; Mama goß den Mädchen Limonade ein und bewirtete sie mit Piroggen. Die Jungs tranken Mamas Fruchtlikör, Papa trank Wodka. Er trank zwei Gläschen und ging, nur Mama blieb, aber so, daß es allen schien, als sei sie ebenfalls gegangen.

„Deine alten Herrschaften sind aber friedliche Bürger“, sagte Valka Alexandrow, ein selten umgänglicher Bursche, der jeden Streit haßte und Konflikte schnell zu schlichten verstand. „Bei mir zu Hause hörst du andauernd: Valka, was machst du schon wieder?“

„Auf dich muß man eben aufpassen, Edison“, lächelte der Spitzensportler der Schule Paschka Ostaptschuk. „Sonst machst du gleich wieder eine Erfindung.“

Wegen seiner heimlichen Leidenschaft, die Gegenstände zu vervollkommnen, hatte man ihm den Spitznamen Edison gegeben. Er erfand ewig schreibende Federn, Fahrräder auf vier Rädern und einen Spirituskocher, den man mit dem Bein bedienen konnte. Valkas jüngste Erfindung hatte einen ganz hübschen Zimmerbrand ausgelöst, woraufhin sein Vater in der Schule dringend darum gebeten hatte, die Direktion möge doch die Erfindertätigkeit des Sohnes unterbinden.

„Edison wird noch jemanden verbrennen!“

„Ich bin der Meinung, daß man niemandem die Flügel stutzen darf“, verkündete Iskra lauthals. „Wer eine nützliche Sache für das Land erfinden will, den muß man unbedingt unterstützen. Ihn auszulachen ist einfach dämlich!“

„Dämlich ist, aus jeder Sache eine Staatsaffäre zu machen“, sagte Vika, und wie immer war sie durch all das Lachen, Reden und Lärmen zu hören.

„Nein, das ist nicht dämlich!“ erklärte Iskra mit erhobener Stimme. „Dämlich ist, sich allen überlegen zu fühlen, nur weil man …“

„Mädels, ich zeig euch ein Kunststück!“ rief der friedfertige Erfinder.

„Sprich dich ruhig aus“, sagte Vika lächelnd. „Warum also?“

Iskra wollte sich alles von der Seele reden, von dem Parfüm, der Wäsche, den Pelzsachen und dem Dienstwagen, der heute um zehn Vika abholen sollte. Sie wollte, konnte sich aber nicht dazu entschließen, weil es auch einige Mädchengeheimnisse betraf. Sie verwünschte sich wegen ihrer Feigheit.

„Weil mein Vater ein großes Tier ist? Was ist daran so schlimm? Ich brauche mich für meinen Vater nicht zu schämen …“

„Artemon!“ rief Sinotschka plötzlich in höchster Not: ihr tat Iskra schrecklich leid, die doch keinen Vater hatte. „Gieß mir Limonade ein, Artemon.“

Alle lachten herzhaft und fröhlich, wie man nur in der Kindheit lachen kann. Und Sinotschka, die Artjom völlig unerwartet mit dem Namen des treuen Pudels* angeredet hatte, lachte am lautesten; Saschka Stameskin grunzte sogar vor Begeisterung, und das rief erneut Lachen hervor. Als sie sich ausgelacht hatten, nahm das Gespräch eine andere Wendung; Shorka Landys erzählte von dem Brief, den er an den Völkerbund geschrieben hatte, und warf dabei Vika Blicke zu, daß alle lächeln mußten. Dann schlug Iskra, die mit Lena Bokowa geflüstert hatte, vor, sich Scharaden auszudenken, und das taten sie denn auch ausgiebig und mit großem Vergnügen. Dann schmetterten sie Lieder von Kachowka, von Orljonok und von ihrem Altersgenossen, den man in Irkutsk abgeknallt hatte. Während sie sangen, bahnte sich Sina einen Weg zu Artjom und sagte schuldbewußt: „Sei mir bitte nicht böse, daß ich dich Artemon genannt habe.

* Aus Alexej Tolstois Märchen „Das goldene Schlüsselchen oder Die Abenteuer des Burattino.“

Das geschah ganz unbeabsichtigt, verstehst du? Ich hab überhaupt nicht überlegt – es ist mir nur so herausgerutscht."

„Macht nichts." Artjom hatte Angst, sie anzuschauen, weil sie ganz nahe bei ihm stand, aber andererseits wollte er es auch, und so rollte er die ganze Zeit über mit den Augen.

„Du bist mir wirklich nicht böse?"

„Wirklich nicht. Es ist sogar ... gut."

„Was ist gut?"

„Na dieses ... tja also ... Artemon."

„Und warum?"

„Weiß ich nicht." Artjom nahm allen Mut zusammen, blickte verzweifelt in Sinotschkas leuchtende Augen, ihm wurde plötzlich heiß, und er gestand: „Weil du es bist, verstehst du? Du darfst es sagen."

„Danke", sagte Sina langsam, und ihre Augen lächelten Artjom auf ganz besondere, unbekannte Weise an. „Ich werde dich ab und zu Artemon nennen. Aber nur selten, damit du dich nicht zu schnell daran gewöhnst."

Sie ging, als sei nichts gewesen. Und weder bei ihr noch bei den andern hatte sich irgend etwas geändert; nur Artjom empfand plötzlich eine nie dagewesene Lebenslust. Er sang lauter und eifriger als die andern, zog das altertümliche Grammophon auf, das Paschka Ostaptschuk mitgebracht hatte, ja er schwang sich sogar zu einem Tänzchen auf – aber nicht etwa mit Sina, o nein!, sondern mit Iskra; er trat ihr auf die Füße und ließ es wieder bleiben. Seine Mutter beobachtete ihn und lächelte, wie alle Mütter lächeln, wenn sie an ihren Kindern etwas Neues entdecken: etwas Unerwartetes, erste Anzeichen von Erwachsensein. Als alle gegangen waren und Artjom ihr den Tisch abräumen half, sagte sie: „Du hast nette Freunde, mein Junge. Ausnehmend nette Freunde sogar, aber weißt du, wer mir am besten gefallen hat? Sinotschka Kowalenko. Mir scheint, sie ist ein sehr liebes Mädchen."

„Wirklich, Mam?" Artjom strahlte.

Das war das schönste Geburtstagsgeschenk, das man ihm gemacht hatte. Seine Mutter wußte, was er sich am meisten wünschte, was sie ihm schenken konnte.

Aber das war spät am Abend, als der schwarze „Emka“ Vika bereits abgeholt hatte und die andern fröhlich in die Straßenbahn geklettert waren. Sie sangen laut in dem menschenleeren Wagen, und wenn einer aussteigen mußte, verabschiedete er sich statt mit einem „Auf Wiedersehen!“ mit „Sport frei!“

Und alle antworteten im Chor: „Sport frei! Sport frei!“

Auch das war viel später; jetzt aber tanzten sie. Das heißt, Lena tanzte mit Paschka, und Sinotschka mit Iskra. Die andern genierten sich, und Vika sagte: „Ich tanze nur Walzer oder Boston.“

Ob es an den Tänzern oder an den Platten lag, jedenfalls ließ man das Tanzen bald bleiben und ging zu Gedichten über: Iskra rezitierte ihren geliebten Bagrizki, Lena Puschkin, Sinotschka Swetlow, und sogar Artjom kramte aus seinem Gedächtnis irgendeinen Lesebuchvers hervor. Als Vika an der Reihe war, lehnte sie erst ab, doch als alle fertig waren, zog sie aus ihrem Täschchen – sie hatte eine echte Damentasche aus Paris! – ein schmales zerlesenes Bändchen.

„Ich lese euch drei meiner Lieblingsgedichte eines fast vergessenen Dichters vor.“

„Ein vergessener Dichter ist ein überflüssiger Dichter“, scherzte Shorka.

„Dummkopf“, sagte Vika. „Er ist aus einem ganz anderen Grund vergessen.“

Sie trat in die Zimmermitte, schlug das Buch auf, blickte ernst um sich und begann mit halblauter Stimme:

„Gib, Jim, zum Glück die Pfote,
So eine Pfote habe ich noch nie gesehen ...“

„Das ist Jessenin“, sagte Iskra, als Vika verstummte. „Ein dekadenter Dichter. Er besingt die Kneipen, die Schwermut und die Trostlosigkeit.“

Vika lachte spöttisch, während Sinotschka in die Hände klatschte und rief: „Dekadent hin, dekadent her. Auf jeden Fall sind das wunderschöne Verse. Ganz wunderschöne.“

Iskra schwieg; die Verse hatten auch ihr sehr gefallen,

und sie konnte und wollte es nicht leugnen. Sie wußte genau, daß das dekadente Gedichte waren, ihre Mutter hatte es gesagt, aber sie begriff nicht, wie solche Gedichte dekadent sein konnten. Zwischen Wissen und Begreifen klaffte ein Abgrund, und Iskra versuchte ehrlich, damit fertigzuwerden.

„Haben dir die Verse gefallen?“ flüsterte sie Saschka zu.

„Ich hab keine Ahnung von so was, aber die Gedichte sind eine Wucht. Zum Beispiel die Verse ... Schade, ich hab sie vergessen.“

„Schagane, du meine Schagane“, wiederholte Iskra träumerisch.

„Schagane, du meine Schagane“, seufzte Saschka.

Vika hatte das Gespräch mit angehört. Sie trat auf die beiden zu und fragte unvermittelt: „Du bist doch ein kluges Mädchen, Iskra?“

„Weiß ich nicht“, antwortete Iskra verdutzt. „Jedenfalls bin ich keine dumme Gans.“

„Nein, du bist keine dumme Gans“, lächelte Vika. „Das Büchlein borge ich niemandem, es gehört Papa, aber dir borg ich es. Du darfst es nur nicht zu schnell hintereinander lesen.“

„Danke, Vika.“ Iskra lächelte zurück, wohl zum erstenmal lächelte sie Vika an. „Ich gebe es dir eigenhändig wieder.“

Auf der Straße hupte es zweimal, und Vika verabschiedete sich. Iskra aber drückte den zerlesenen Band mit Versen des dekadenten Dichters Sergej Jessenin behutsam an ihre Brust.

Drittes Kapitel

Die Schule war erst vor kurzem erbaut worden, über ihre Eröffnung hatten die Zeitungen berichtet. Die Fenster waren breit, die Bänke noch nicht zerschrammt, in den Fluren standen Kübel mit Gummibäumen, und im Erdgeschoß befand sich eine riesige Turnhalle – etwas Seltenes für die damalige Zeit.

„Ein wunderschönes Geschenk für unsere Kinder", sagte der Vertreter der Abteilung Volksbildung beim Stadtsowjet. „Die Aufteilung der Klassen ist folgendermaßen vorgesehen: Im Erdgeschoß Klasse eins und zwei; nach oben werden sie nicht gelassen, damit sie nicht auf dem Geländer herunterrutschen; im ersten Stock dann die dritte und vierte Klasse und so weiter, dem Alter entsprechend. Je älter der Schüler, desto höher ist seine Klasse gelegen."

„Erstaunlich präzise", stimmte Valentina Andronowna bei. „Sogar symbolisch im guten, in *unserem* Sinne des Wortes."

Valentina Andronowna unterrichtete Literatur und vertrat vorübergehend den Direktor. Ihre massive Gestalt verbreitete Strenge und ließ die zielstrebige Bereitschaft erkennen, jeder neuen Anordnung und Verfügung Folge zu leisten.

Man tat wie geheißen, und aus eigener Initiative stellte man auf jeden Treppenabsatz noch einen Aufsichthabenden mit der strengen Order, keinen Schüler weder nach oben noch nach unten zu lassen. Die Schule war in Schichten unterteilt wie eine Pirogge, die Schüler der zehnten Klasse sahen nicht die der fünften, und die Schulanfänger sahen überhaupt keine Menschenseele. Jedes Stockwerk führte ein seinem Alter entsprechendes Dasein, und keiner rutschte das Geländer herunter. Außer den Aufsichthabenden.

Valentina Andronowna war ein halbes Jahr lang kommissarischer Leiter, bis man einen neuen Direktor schickte. Er trug bequeme Reithosen, weiche chevreaulederne Shimmy-Stiefel und eine Feldbluse mit riesigen aufgenähten Taschen, war nach Kavalleristenart laut, lachte gern schallend und nieste, daß die Wände wackelten.

„Die reinste Kadettenanstalt", bemerkte er, als er die symbolische Struktur der Schule in Augenschein nahm.

„Anordnung der Abteilung Volksbildung beim Stadtsowjet", erklärte Valentina Andronowna bedeutungsvoll.

„Man soll nicht für Anordnungen, sondern für Ideen leben. Unsere Hauptidee aber ist, den Bürger der neuen, sozialistischen Heimat zu erziehen. Deshalb fegen wir alle Anordnungen hinweg und pfeifen darauf."

Er dachte ein Weilchen nach, dann schrieb er die erste Anweisung:

„1. Geschoß. Erste und sechste Klasse.
2. Geschoß. Zweite, siebente und achte.
3. Geschoß. Dritte und neunte.
4. Geschoß. Vierte, fünfte und zehnte."

„So", sagte er und schaute wohlgefällig auf die Verteilung. „Alle werden durcheinandergemischt und freunden sich miteinander an. Wo sind die größten Krakeeler? In der vierten und fünften; jetzt sind sie unter den Augen der Älteren, das heißt, die werden auf sie aufpassen. Und keinerlei Aufsichtspersonen; sollen sie sich doch in allen Etagen rumtreiben. Ein Kind ist ein von Natur aus ungezügeltes Wesen, man soll ihm keine überflüssigen Schranken aufstellen. Das zum ersten. Zum zweiten, wir haben heranwachsende Mädchen hier und einen einzigen Spiegel für die ganze Schule, und auch der befindet sich im Lehrerzimmer. Gleich morgen wird auf jeder Mädchentoilette ein Spiegel aufgehängt. Hörst du, Michejitsch? Gekauft und gleich aufgehängt."

„Um Kokotten zu erziehen?" fragte Valentina Andronowna mit giftigem Lächeln.

„Keine Kokotten, sondern Frauen. Sie allerdings wissen nicht, was das ist."

Valentina Andronowna schluckte die Beleidigung hinunter, schickte aber trotzdem ein Schreiben ab. An die entsprechende Stelle. Doch dort schenkte man ihm keinerlei Beachtung: entweder genoß der neue Direktor Sympathie, oder er hatte einflußreiche Gönner. Die Klassen wurden etagenmäßig durcheinandergewürfelt, die Aufsichtspersonen abgeschafft und die Spiegel aufgehängt, was die Mädchen in einen Zustand der Dauererregung versetzte. Neue Haarschleifen und neue Ponyfrisuren tauchten auf, in den Pausen dröhnte die Schule sieghaft aus Hunderten Kehlen, und der Direktor war höchlichst zufrieden.

„Das nenne ich Leben!"

„Wir wecken nur vorzeitig Leidenschaften", sagte Valentina Andronowna mit verkniffenen Lippen.

„Leidenschaft ist etwas Wunderbares, es gibt nichts Schlimmeres als einen leidenschaftslosen Menschen. Deshalb muß man auch singen."

Speziellen Gesangsunterricht gab es nicht, weil man keinen Musiklehrer hatte, und der Direktor beschloß, die Frage auf eigene Faust zu lösen: er ordnete als obligatorisch an, daß dreimal in der Woche gemeinsam gesungen wurde. Die höheren Klassen wurden in die Turnhalle geholt, der Direktor nahm seine Ziehharmonika und stampfte mit dem Fuß den Takt dazu.

„Wir sind die roten Kavalleristen
Von unseren Heldentaten
Singen und sagen einst
Beredte Historisten."

Diese Gesangsstunden liebte Iskra sehr. Sie hatte weder Stimme noch Gehör, aber sie bemühte sich, laut und deutlich die Worte zu deklamieren, von denen einem eine Gänsehaut über den Rücken lief.

„Wir alle sind treu ergebene Helden ..."

Eigentlich unterrichtete der Direktor Geographie, aber auf seine Art, wie alles, was er tat. Er mochte keine Richtlinien, und erst recht keine Direktiven; er unterrichtete nicht nach dem Lehrplan, sondern nach dem Gewissen eines Bolschewisten und einstigen Kämpfers der Reiterarmee.

„Was fährst du dauernd mit dem Zeigestock den Ganges entlang! Wenn man auf ihm schwimmt, findet man sich schon irgendwie mit den Nebenflüssen zurecht, und wenn man nicht dort schwimmt, braucht man es auch nicht zu wissen. Erzähl uns lieber, wie das Volk dort darbt und hungert, wie der englische Imperialismus das arbeitende Volk verhöhnt. Das ist es, was man sein Leben lang nicht vergessen darf."

Das sagte er, wenn es um fremde Länder ging. Wenn es aber das eigene Land betraf, erzählte der Direktor erst recht völlig ungewöhnliche Dinge.

„Nehmen wir die Salsker Steppen." Er umriß die Steppen akkurat auf der Landkarte. „Was ist das Charakteristikum? Daß es wenig Wasser gibt, und falls ihr im Sommer dort seid, gebt eurem Pferd morgens reichlich zu trinken, damit es bis zum Abend genug hat. Unsere Pferde eignen sich für diese Gegend nicht, man muß auf die einheimische Rasse umsatteln, sie sind besser daran gewöhnt."

Vielleicht wegen dieser Erzählungen, vielleicht wegen seiner demokratischen Einstellung und seiner Schlichtheit, vielleicht wegen seiner geräuschvollen, menschlichen Offenherzigkeit, vielleicht aber auch wegen allem zusammen liebte die Schule ihren Direktor. Sie liebte, respektierte und fürchtete ihn, denn er duldete kein Anschwärzen, und wenn er jemanden persönlich dabei erwischte, bestrafte er ihn hart. Übermütige Streiche dagegen verzieh er, es sei denn, sie geschahen in böser Absicht oder gar aus Rowdytum; dann gab es für ihn keine Entschuldigung.

In der achten Klasse passierte es einmal, daß ein Bursche ein Mädchen schlug. Nicht zufällig und auch nicht in einem Wutanfall, sondern vorsätzlich, bewußt und böse. Der Direktor selbst kam auf ihre Schreie hin angelaufen, doch der Bursche rannte davon. Nachdem er das weinende Opfer der Obhut der Lehrerinnen anvertraut hatte, ließ er alle Schüler der achten Klasse kommen und ordnete an: „Den Täter suchen und hierherbringen. Unverzüglich. Alle. Los!"

Gegen Unterrichtsschluß brachte man den Burschen angeschleppt. Der Direktor ließ in der Turnhalle alle höheren Klassen antreten, beorderte den Schuldigen in die Mitte und sagte: „Ich weiß nicht, wer da vor euch steht. Vielleicht ein künftiger Verbrecher, vielleicht ein Familienvater und vorbildlicher Mensch. Aber eines weiß ich: der da jetzt vor euch steht, ist kein Mann. Mädchen und Jungs, merkt euch das und nehmt euch vor ihm in acht. Mit ihm kann man nicht befreundet sein, denn er würde einen verraten, man kann ihn nicht lieben, weil er ein Lump ist, man kann ihm nicht trauen, weil er einen betrügen würde. Und das wird so lange so sein, bis er uns beweist, daß er begriffen hat, welche Niederträchtigkeit er beging, bis er ein richtiger Mann geworden ist. Damit er begreift, was ein richtiger Mann ist, will ich es ihm sagen. Ein richtiger Mann ist, wer nur zwei Frauen liebt. Ja, zwei, was gibt's da zu lachen! Seine Mutter und die Mutter seiner Kinder. Ein richtiger Mann ist, wer das Land liebt, in dem er geboren wurde. Ein richtiger Mann ist, wer seinem Freund das letzte Stück Brot gibt, auch wenn er selbst vor Hunger sterben müßte. Ein richtiger Mann ist, wer alle Menschen liebt und achtet und die Feinde dieser Menschen haßt. Man muß lernen zu lieben und lernen zu hassen, das sind die beiden wichtigsten Dinge im Leben!"

Iskra applaudierte als erste. Sie applaudierte, weil sie zum ersten Mal einen *Kommissar* gesehen und gehört hatte. Der ganze Saal fiel in den Beifall ein.

„Ist ja gut, Kinder, ist ja gut!" Der Direktor lächelte. „Im übrigen wird nicht geklatscht, wenn man in Reih und Glied angetreten ist." Er wandte sich dem Schuldigen zu, der beflissen auf den Fußboden starrte, und sagte in der Totenstille halblaut und verächtlich: „Geh und laß dir das eine Lehre sein, du Neutrum!"

Sie liebten ihren Direktor Nikolai Grigorjewitsch Romachin über alles. Ihre neue Klassenlehrerin Valentina Andronowna dagegen konnten sie nicht ausstehen, ja sie verachteten sie so einmütig und aus tiefstem Herzen, daß sie gar keine anderen Gefühle an sie verschwendeten. Keiner suchte ein Gespräch mit ihr: Geduldig hörte man sie an, bemüht, ihr nicht zu antworten, und war es doch unumgänglich, so beschränkte man sich auf die allersimpelsten Antworten: „Ja" und „Nein". Doch Valentina Andronowna war beileibe nicht dumm, sie wußte sehr wohl, was für ein Verhältnis man zu ihr hatte, und da sie keinen Zugang zu den Hirnen und Herzen der Schüler fand, begann sie unmerklich sich einzukratzen. Doch die ganze Klasse bemerkte dieses „unmerkliche" Sicheinkratzen augenblicklich.

„Was säuselt unsere Valendra da so honigsüß?" wunderte sich Paschka Ostaptschuk lauthals.

„Sie gießt Öl in die künftigen Wogen menschlicher Leidenschaften", sagte Lena Bokowa im Brustton der Überzeugung.

„Lebertran, und kein Öl", brummte der superschlaue

Philatelist Shorka Landys. „Woher sollte bei so einer geizigen Ziege das Öl kommen?“

„Hör auf“, sagte Iskra streng. „Über Ältere spricht man nicht so, und das Wort ‚geizige Ziege‘ kann ich nicht ausstehen.“

„Und warum sagst du es, wenn du es nicht ausstehen kannst?“

„Als abschreckendes Beispiel.“ Iskra schielte zu Vika hinüber, bemerkte deren Lächeln und geriet in Verwirrung. „Das gehört sich nicht, sage ich. Schließlich wird unsere Klasse noch ein einziger Lästerhaufen.“

„Iskra hat recht!“ stimmte Valka eiligst zu. „Wirklich, in der Schule gehört sich das nicht. Dann schon lieber zu Hause.“

Doch Valentina Andronownas Absichten beschränkten sich keineswegs auf die Klasse. Gewiß, sie wollte die Hirne und Herzen der widerspenstigen 9b bezwingen, aber ihr sehnlichster Wunsch war etwas anderes: Sie glaubte fest daran, daß die Schule – ihre Schule, wo sie ganze anderthalb Jahre allein geherrscht hatte – in die Hände eines Abenteurers geraten war. Das war es, was Valentina Andronowna quälte, was sie veranlaßte, an alle möglichen Stellen Briefe zu schreiben, doch diese Briefe blieben vorläufig ohne Antwort. Vorläufig. Darauf spekulierte sie.

In ihrem unentwegten Kampf mit der Schulleitung dachte sie nicht im entferntesten an Karriere. Sie dachte an die *Linie*, und die jetzige Linie des neuen Direktors erschien ihr falsch, das war ihre bis zu Tränen und tiefster Verzweiflung reichende ehrliche Meinung. Valentina Andronowna kämpfte nicht für ihr persönliches, sondern für das Allgemeinwohl. In ihrem asketischen Leben, dem Leben einer einsamen und reizlosen Frau, gab es längst nichts Persönliches mehr.

Am Sonntag hatten sie gefeiert, den Montag in der Erinnerung daran zugebracht, und am Dienstag nach dem Unterricht wurde Iskra zur Klassenlehrerin zitiert.

„Setz dich, Iskra“, sagte sie, die Tür der 1a, wo sie Einzelgespräche zu führen pflegte, fest hinter sich schließend.

Im Gegensatz zu Sinotschka fürchtete Iskra weder

Vorladungen, noch separate Klassenzimmer, noch Gespräche unter vier Augen, weil sie sich niemals einer Schuld bewußt war. Sinotschka dagegen fühlte sich immer schuldig – wenn nicht für etwas Gewesenes, so für etwas Künftiges – und hatte vor allem schreckliche Angst.

Iskra setzte sich, zupfte ihr Kleid zurecht – es ist scheußlich, wenn die Knie hervorgucken, scheußlich, aber sie gucken eben – und schickte sich an zuzuhören.

„Du hast mir nichts zu erzählen?"

„Nein."

„Schade", seufzte Valentina Andronowna. „Was meinst du, warum ich mich gerade an dich wende? Ich hätte mit Ostaptschuk oder Alexandrow, mit Landys oder Schäfer, mit der Bokowa oder der Ljuberezkaja reden können, aber ich will mit dir sprechen, Iskra."

Iskra ging sofort auf, daß die Genannten alle beim Geburtstag gewesen waren und daß Valentina Andronowna nur Sascha und Sina unerwähnt gelassen hatte. Sascha gehörte nicht mehr zur 9b, aber Sinotschka ...

„Ich wende mich an dich, nicht nur weil du stellvertretender Komsomolsekretär bist; nicht nur, weil du die beste und gesellschaftlich aktivste Schülerin bist; auch nicht, weil du ein denkender und zielstrebiger Mensch bist." Valentina Andronowna machte eine Pause. „Sondern weil ich deine Mutter als ein vorbildlich arbeitendes Parteimitglied kenne. Du wirst fragen: Wozu diese Einleitung? Weil die Feinde heute alle denkbaren Mittel einsetzen, um unsere Jugend zu verderben, sie von der Partei zu trennen, um einen Keil zwischen Väter und Söhne zu treiben. Deshalb ist es deine heilige Pflicht, unverzüglich zu sagen ..."

„Ich habe Ihnen nichts zu sagen", antwortete Iskra, fieberhaft überlegend, was sie am Sonntag wohl angestellt hätten.

„So? Ist dir etwa nicht bekannt, daß Jessenin ein dekadenter Dichter ist? Und dir ist nicht der Gedanke gekommen, daß die Geburtstagseinladung nur ein Vorwand war? Ich habe Schäfers Lebenslauf überprüft: er hat am zweiten September Geburtstag. Am zweiten, und eingeladen hat er euch drei Wochen später. Weshalb? Vielleicht um euch mit den versoffenen Offenbarungen dieses Sängers des Kulakentums bekannt zu machen?"

„Die Jessenin-Gedichte hat die Ljuberezkaja vorgetragen, Valentina Andronowna."

„Die Ljuberezkaja?" Valentina Andronowna war sichtlich überrascht, und Iskra ließ sie erst gar nicht zur Besinnung kommen.

„Ja, Vika. Sina Kowalenko hat bei ihrer Information etwas durcheinandergebracht."

Das war ein Probeballon. Iskra wandte sich sogar ab, weil sie wußte, daß es eine Provokation war. Aber sie mußte ihren Verdacht überprüfen.

„Vika also?" Valentina Andronowna ließ endgültig von ihrem aggressiven Ton ab. „Ja, die Kowalenko hat viel überflüssiges Zeug gequatscht. Der und der ist weggegangen, der und der hat sich in den und den verliebt, der und der hat Gedichte rezitiert. Sie ist sehr naiv, diese Kowalenko! Na, dann ist ja alles klar und ... und nicht so schlimm. Der Vater der Ljuberezkaja ist ein bedeutender Mann, der Stolz unserer Stadt. Und Vika ist ein sehr vernünftiges Mädchen."

„Kann ich gehen?" fragte Iskra und stand auf.

„Wie? Ja, natürlich. Siehst du, wie einfach sich alles klärt, wenn man die Wahrheit sagt. Deine Freundin Kowalenko ist ein naives und unzuverlässiges Ding."

„Ich werde darüber nachdenken", sagte Iskra und ging.

Sie eilte schnurstracks zu dem naiven Ding, wußte sie doch, daß die neugierige Freundin unweigerlich auf dem Schulhof wartete. Sie mußte ihr unbedingt ein paar Worte sagen von wegen Tratschen und Klatschen und ihrem Hang zu unüberlegtem Geschwätz.

Sinotschka plauderte fröhlich in Gesellschaft von Juri und Sergej aus der zehnten Klasse, und in einiger Entfernung flanierte Artjom. Iskra nahm die Freundin schweigend bei der Hand und zog sie beiseite; Artjom schien ihnen folgen zu wollen, überlegte es sich aber anders und verschwand.

„Wohin zerrst du mich denn?"

Iskra führte Sina hinter das Schulgebäude, drängte sie

in den Eingang zum Heizungskeller und fragte ohne lange Einleitung: „Was bist du eigentlich, eine Idiotin, eine Tratschtante oder ein Verräter?“

Statt einer Antwort rief Sinotschka gleich die Tränen zu Hilfe. Immer nahm sie in schwierigen Situationen ihre Zuflucht zu ihnen, doch diesmal war das ein Fehler.

„Ein Verräter also.“

„Ich?“ Sina hörte augenblicklich auf zu weinen.

„Was hast du der Valendra verraten?“

„Ich ihr verraten? Sie hat mich in der Toilette vor dem Spiegel erwischt und mich ausgeschimpft, daß ich eitel und ... und kokett wäre. Dabei bin ich überhaupt nicht kokett und weiß nicht einmal, was das ist. Ich sage ihr also, daß das nicht stimmt, und sie, das gemeine Stück, fragt mich aus. Ich wollte überhaupt nichts sagen, Ehrenwort, und hab doch alles erzählt. Nicht absichtlich, Iskorka, wirklich und wahrhaftig nicht absichtlich.“

Mit einem verhaltenen Schluchzer redete Sinotschka noch weiter, aber Iskra hörte ihr nicht mehr zu und dachte nach. Dann sagte sie im Kommandoton: „Reiß dich zusammen und komm mit zu den Ljuberezkis.“

„Wohin?“ Vor Überraschung hörte Sinotschka sofort mit Schluchzen auf.

„Du hast jemanden angeschwärzt. Morgen wird die Valendra Vika verhören, darauf muß sie vorbereitet sein.“

„Aber wir waren doch noch nie bei den Ljuberezkis.“

„Dann werden wir es eben jetzt sein. Los, gehen wir!“

Vika war auf ihren Vater nicht weniger stolz als Iskra auf ihre Mutter. Doch während Iskra ihren Stolz verbarg, trug ihn Vika offen und siegessicher zur Schau; ihren Stolz auf seine Auszeichnungen, den Rotbannerorden aus dem Bürgerkrieg und den Orden für vorbildliche Leistungen beim friedlichen Aufbau; auf die zahlreichen Dinge, die ihm der Volkskommissar mit persönlicher Zueignung geschenkt hatte: Fotoapparate und Uhren, Radios und Plattenspieler; auf seine Aufsätze, seine kämpferischen Verdienste in der Vergangenheit und seine großartigen Leistungen in der Gegenwart.

Vikas Mutter war seit langem tot. Anfänglich hatte die Tante bei ihnen gewohnt, Vaters Schwester; dann hatte sie geheiratet, war nach Moskau gezogen und besuchte die Ljuberezkis nur selten. Sie hatten eine Haushälterin, die sich um alles kümmerte, so daß Vika unter normalen Bedingungen aufwuchs und die Tante sich keine Sorgen zu machen brauchte. Nur Ljuberezki selbst machte sich unentwegt Sorgen um sie, mit jedem Jahr mehr, eben weil seine Tochter normal aufwuchs und sich normal entwickelte.

Seine Sorge äußerte sich in extremen Dingen. So führte die Angst um sie dazu, daß Vika in einem Auto zur Schule und wieder nach Hause gebracht wurde ebenso wie ins Theater oder in die Umgebung der Stadt. Sie sollte immer die Schönste sein – also erhielt sie ausländische Kleider, modische Frisuren und Pelze, die vielleicht einer jungen Frau angemessen gewesen wären, aber nicht einem Mädchen, das gerade erst an der Schwelle des Erwachsenseins stand. Er beschleunigte so ungewollt ihre Entwicklung, war stolz, daß sie ihren Altersgefährtinnen voraus war, und beobachtete mit Sorge Vikas Abgeschlossenheit, ohne zu ahnen, daß dies gerade das Ergebnis seiner Erziehung war.

Vika war sehr stolz auf den Vater und litt unter der Einsamkeit. Doch empfindlich, wie sie war, fürchtete sie nichts mehr, als daß jemand auf die Idee kommen könnte, sie zu bedauern, und daher war ihr der unerwartete Besuch der Mädchen lästig.

„Entschuldige, es handelt sich um eine wichtige Sache", sagte Iskra.

„Was für ein toller Spiegel!" stöhnte Sina bewundernd; Spiegel waren ihre Schwäche.

„Ein antikes Stück", konnte sich Vika nicht verkneifen. „Ein namhaftes Akademiemitglied hat ihn Papa geschenkt." Sie wollte die Mädchen in ihr Zimmer führen, aber auf die Stimmen hin erschien der Papa höchstpersönlich – Leonid Sergejewitsch Ljuberezki.

„Seid gegrüßt, Mädchen. Na, endlich kommen auch mal zu meiner Vika Freundinnen, sonst hat sie immer nur Bücher und nichts als Bücher. Ich freue mich sehr! Kommt ins Speisezimmer, ich bringe gleich Tee."

„Den Tee kann Polja bringen", sagte Vika, leicht unzufrieden.

„Kann sie, aber ich kann es noch besser." Der Vater lächelte und ging in die Küche.

Leonid Sergejewitsch bewirtete die Mädchen, er bot ihnen Törtchen und Konfekt in wunderschönen Kartons an. Iskra und Sina machten die Törtchen verlegen: Sie waren gewohnt, so etwas nur an besonderen Feiertagen zu essen. Aber Vikas Vater scherzte und lächelte, und das Gefühl, ungebetener Gast bei einem fremden Fest zu sein, schwand mehr und mehr. Sinotschka wirbelte bald hin und her und nahm das Kristall hinter den Scheiben des Eichenbüfetts in Augenschein, und Iskra begann plötzlich zu erzählen und kam sofort auf die Unterredung mit der Lehrerin zu sprechen.

„Das ist alles nicht ernst zu nehmen, Mädchen." Trotzdem wurde Vikas Vater traurig und seufzte tief. „Niemand hat Sergej Jessenin verboten, und in seinen Versen ist absolut nichts Kriminelles. Ich hoffe, daß eure Lehrerin das selber sehr wohl begreift und daß ihr das alles nur im Eifer des Gefechts so herausgerutscht ist. Wenn ihr wollt, rufe ich sie an."

„Nein", sagte Iskra. „Entschuldigen Sie, Leonid Sergejewitsch, aber unsere Angelegenheiten müssen wir selber regeln. Das gehört zur Charakterbildung."

„Völlig richtig. Ich muß sagen, ich wollte Sie schon lange kennenlernen, Iskra. Ich habe viel von Ihnen gehört."

„Papa!"

„Ist das etwa ein Geheimnis? Dann entschuldige." Erneut wandte er sich an Iskra: „Wie sich zeigte, kenne ich Ihre Mutter. Zufällig begegneten wir uns im Stadtsowjet und stellten fest, daß wir uns schon vom Bürgerkrieg her kannten, daß wir in ein und derselben Division gekämpft haben. Sie war eine erstaunlich mutige junge Dame, die reinste Jeanne d'Arc."

„Eine Kommissarin", korrigierte Iskra leise, aber fest. Sie hatte nichts gegen Jeanne d'Arc, aber Kommissarin war trotzdem besser.

„Eine Kommissarin", stimmte Ljuberezki zu. „Aber was die Poesie im besonderen und die Kunst im allgemeinen betrifft, so liegt mir persönlich mehr das, wo die Fragezeichen die Ausrufezeichen überwiegen. Das Ausrufezeichen ist der erhobene Zeigefinger, das Fragezeichen ein Haken, der die Fragen aus euren Köpfen herauszieht. Kunst muß Gedanken wecken, nicht einschläfern."

„N-nein", sagte Sinotschka ungläubig und gedehnt. „Die Kunst muß Gefühle wecken."

„Sinaida!" fauchte Iskra.

„Sinotschka hat völlig recht", sagte Leonid Sergejewitsch. „Die Kunst muß über das Gefühl das Denken erreichen. Sie muß den Menschen alarmieren, ihn fremdes Leid empfinden, ihn lieben und hassen lehren. In Beunruhigung versetzt, ist man wißbegierig und aufmerksam; der Zustand der Ruhe und Selbstzufriedenheit dagegen führt zu seelischer Trägheit. Darum eben liebe ich Jessenin und Block so sehr, um einmal bei den zeitgenössischen Dichtern zu bleiben."

„Und Majakowski?" fragte Iskra leise. „Majakowski ist und bleibt der beste, talentierteste Dichter unserer Sowjetepoche."

„An dem überragenden Talent Majakowskis zweifelt niemand." Leonid Sergejewitsch lächelte.

„Papa war mit Wladimir Wladimirowitsch bekannt", erläuterte Vika.

„Bekannt?" Sina rutschte auf dem Stuhl hin und her. „Das gibt's doch nicht!"

„Warum nicht?" fragte der Vater. „Ich kannte ihn gut, als ich in Moskau studierte. Ehrlich gesagt, wir haben leidenschaftlich gestritten, und nicht nur um Poesie. Das war eine Zeit der Auseinandersetzungen, Mädchen. Wir haben uns nicht mit absoluten Wahrheiten zufriedengegeben, wir suchten und stritten. Nächtelang, bis zum Umfallen."

„Aber kann man denn streiten mit einem ..." Iskra wollte „mit einem Genie" sagen, verkniff es sich aber.

„Man kann nicht nur, man muß es sogar. Die Wahrheit darf sich nicht in ein Dogma verwandeln, sie muß immer wieder auf ihre Beständigkeit und Zweckmäßigkeit überprüft werden. Das hat Lenin gelehrt, Mädchen. Und er wurde sehr böse, wenn er erfuhr, daß jemand bestrebt war, die lebendige Wahrheit in ein eisernes Absolutum zu zwängen."

Die bejahrte Haushälterin schaute zur Tür herein: „Der Wagen ist da, Leonid Sergejewitsch."

„Danke, Polja." Leonid Sergejewitsch erhob sich und rückte den Stuhl an seinen Platz. „Macht's gut, Mädchen. Trinkt Tee, unterhaltet euch, hört Musik, lest gute Verse. Und bitte vergeßt uns nicht, Vika und mich."

„Bleibst du lange fort, Papa?"

„Vor drei Stunden wird man uns nicht entlassen", sagte der Vater lächelnd und ging.

Iskra blieb die zufällige Begegnung und das ebenso zufällige Gespräch noch lange in Erinnerung. Doch damals, als sie dem – wie ihr schien – nicht mehr jungen Mann mit den jungen Augen zuhörte, war sie mit vielem nicht einverstanden, wollte vieles anzweifeln, über vieles nachdenken, denn sie war ein ernsthafter Mensch, der gern einer Sache auf den Grund ging. Auf dem Nachhauseweg sortierte sie das Gehörte, während Sinotschka neben ihr zwitscherte: „Ich hab's doch immer gesagt, daß Vika ein Goldkind ist, ich hab's ja gesagt! Himmel, acht Jahre haben wir deinetwegen versäumt! Und das Geschirr! Hast du gesehen, was für ein Geschirr das ist? Wie im Museum, Komsomolehrenwort, genau wie im Museum! Aus solchen Tassen hat bestimmt Potjomkin Tee getrunken."

„Die Wahrheit", sagte Iskra plötzlich bedächtig, als lausche sie ihren eigenen Worten, „warum mit ihr streiten, wenn es die Wahrheit ist?"

„In der Gestalt Petschorins hat Lermontow die typischen Merkmale des überflüssigen Menschen widergespiegelt ..." Sina ahmte Valentina Andronowna täuschend nach und lachte. „Versuch diese Wahrheit zu bestreiten, und Valendra wird dir ein ‚Ungenügend' verpassen."

„Vielleicht ist es gar nicht die Wahrheit?" überlegte Iskra weiter. „Wer bestimmt, daß die Wahrheit die Wahrheit ist? Wer denn eigentlich?"

„Die Erwachsenen", sagte Sinotschka. „Und für die Erwachsenen wiederum deren Chefs … Ich muß jetzt nach links abbiegen, so, hier hast du einen Kuß."

Iskra hielt ihr schweigend die Wange hin, zupfte die Freundin an der hellblonden Haarsträhne, und sie trennten sich voneinander. Sina lief flink, absichtlich mit den Absätzen klappernd, während Iskra zwar schnell, aber würdevoll und ruhig ausschritt und eifrig ihren Gedanken nachhing.

Die Mutter war zu Hause, wie gewöhnlich mit einer Zigarette im Mund. Nach jener schrecklichen Nacht, als Iskra zufällig die Mutter überrascht hatte, begann diese mit der Raucherei. Sie rauchte stark, überall im Zimmer lagen leere und halbleere „Delhi"-Schachteln herum.

„Wo warst du?"

„Bei den Ljuberezkis."

Die Mutter hob kaum merklich die Brauen, sagte aber nichts. Iskra ging in ihre Ecke, hinter den Schrank, wo ein Tischchen und ein Regal mit ihren Büchern standen. Sie versuchte, etwas zu tun, eine Aufgabe zu lösen, etwas abzuschreiben, aber das Gespräch ging ihr nicht aus dem Kopf.

„Mama, was ist die Wahrheit?"

Die Mutter legte das Buch beiseite, das sie aufmerksam durchstudierte, mit Notizen und Buchzeichen versah, drückte die Zigarette im Aschbecher aus, überlegte es sich aber anders, nahm sie wieder heraus und zündete sie erneut an.

„Meiner Meinung nach hast du die Frage nicht richtig gestellt. Drück dich bitte genauer aus."

„Also: Gibt es unbestreitbare Wahrheiten? Wahrheiten, die keines Beweises bedürfen?"

„Natürlich. Gäbe es solche Wahrheiten nicht, wäre der Mensch ein wildes Tier geblieben. Er aber muß wissen, wofür er lebt."

„Heißt das, der Mensch lebt für die Wahrheit?"

„Wir – ja. Wir, das Sowjetvolk, haben die unverbrüchliche Wahrheit erkannt, die uns unsere Partei lehrt. Für sie wurde so viel Blut vergossen, wurden so viele Qualen ertragen, daß sie zu bestreiten und erst recht sie anzuzweifeln hieße, jene zu verraten, die umgekommen sind und … und noch umkommen. Diese Wahrheit ist unsere

Stärke und unser Stolz, Iskra. Habe ich deine Frage richtig verstanden?"

„Ja, ja, danke", sagte Iskra nachdenklich. „Verstehst du, mir scheint, daß man uns in der Schule nicht streiten lehrt."

„Mit Freunden gibt es nichts zu streiten, mit den Feinden aber muß man sich schlagen."

„Aber man muß doch in der Lage sein zu streiten?"

„Die Wahrheit selbst muß man lernen, nicht, wie sie zu beweisen ist. Das ist Kasuistik. Wer unserer Wahrheit ergeben ist, wird sie, wenn nötig, mit der Waffe in der Hand verteidigen. Das ist es, was man lernen muß. Aber Geschwätz ist nicht unsere Aufgabe. Wir bauen eine neue Gesellschaft, für Geschwätz haben wir keine Zeit." Die Mutter warf die Zigarettenkippe in den Aschbecher und schaute Iskra fragend an. „Weshalb fragst du?"

Iskra wollte von dem Gespräch erzählen, das sie aufgeschreckt hatte, von den Ausrufe- und Fragezeichen, nach denen Leonid Sergejewitsch die Kunst bewertete, doch sie blickte in die gewohnt harten Augen der Mutter und sagte: „Einfach so."

„Lies keine Bücher voll großer, leerer Worte. Ich wollte längst deinen Leihschein überprüfen und komme und komme nicht dazu. Zum Abendbrot trinkst du Milch, ich hab's nicht geschafft, etwas zu kochen, weil ich morgen einen wichtigen Vortrag habe."

Iskras Leihschein war völlig in Ordnung, aber Iskra las darüber hinaus ganz andere Bücher. Den privaten Bücheraustausch gab es in der Schule schon seit den Zeiten des Gymnasiums, und Iskra kannte sowohl Hamsun als auch Kellermann; „Viktoria" und „Ingeborg" hatten sie in einen merkwürdigen Zustand der Unruhe und Erwartung versetzt. Diese verließen sie auch des Nachts nicht, und sie hatte Träume, die ganz und gar nicht dem offiziellen Leihschein entsprachen. Doch darüber sprach sie zu niemandem, auch nicht zu Sinotschka, obwohl Sinotschka ihr häufig von ähnlichen Träumen berichtete. Dann wurde Iskra immer sehr böse, und Sina begriff nicht, daß sie böse wurde, weil sie sich bei ihren eigenen Träumen ertappt fühlte.

Das Gespräch mit der Mutter bestärkte Iskra in dem

Gedanken, daß es unanfechtbare Wahrheiten gebe, daß daneben aber auch anfechtbare Wahrheiten existierten, sozusagen Wahrheiten zweiter Ordnung. Eine solche Wahrheit war beispielsweise das Verhältnis zu Jessenin, den Iskra Tag für Tag las, auswendig lernte und teilweise in ein Heft abschrieb, denn das Buch mußte sie bald zurückgeben. Sie hielt das vor der Mutter geheim, weil das Verbot, wenn auch nicht offen deklariert, trotzdem bestand und Iskra zum ersten Mal mit der offiziellen Meinung in Streit lag, also auch mit der Wahrheit.

„Mir war das längst klar", sagte Saschka, als sie ihm über ihre Zweifel berichtete. „Man ist einfach neidisch auf Jessenin, das ist alles. Und man will, daß wir ihn vergessen."

Eine so einfache Erklärung war nicht nach ihrem Sinn. Aber da sie sich mit niemandem beraten konnte, beschloß sie nach gründlichem Nachdenken, bei Gelegenheit Leonid Sergejewitsch danach zu fragen.

In der Schule herrschte Stille, als hätte es kein unangenehmes Gespräch in den Bänken der ersten Klasse gegeben, als wären keine aufrührerischen Verse vorgetragen worden, ja, als hätte der Abend bei Artjom überhaupt nicht stattgefunden. Valentina Andronowna zitierte niemanden mehr zu sich, lächelte huldvoll, wenn man ihr begegnete, und Iskra gab Leonid Sergejewitsch recht, daß sicherlich alles im Eifer des Gefechts geschehen war. Niemand brachte die Ordnung der Dinge durcheinander, die Wahrheiten blieben Wahrheiten – so rein, unnahbar und verlockend wie die achttausend Meter hohen Gipfel des Himalaja. Iskra lernte nach wie vor mit Feuereifer, las Verse und Romane ohne Leihschein, spielte Basketball, ging mit Sascha ins Kino oder einfach bummeln und gab regelmäßig eine neue Wandzeitung heraus, denn sie war deren Chefredakteur.

Außerdem schwatzte sie mit Sinotschka über allerlei Unsinn, ohne zu ahnen, daß die Freundin einen äußerst schwierigen inneren Konflikt durchmachte, da sie sich leidenschaftlich gern verlieben wollte, aber nicht wußte, wen sie sich für dieses erhabene Ziel auserküren sollte.

Viertes Kapitel

Streng genommen befand sich Sinotschka ununterbrochen im süßen Rausch zarter Verliebtheit. Die Verliebtheit wurde zur Lebensnotwendigkeit, ohne sie hätte sie einfach nicht existieren können, und jedesmal am ersten September, wenn sie in ihre Klasse zurückkehrte, legte Sinotschka als erstes fest, in wen sie im kommenden Schuljahr verliebt sein würde. Der Auserwählte ahnte nichts von seinem Glück: Sinotschka machte sich nicht das Leben schwer mit der Aufgabe, jemandem zu gefallen – es reichte ihr völlig, daß sie sich selber für verliebt hielt, von Zweisamkeit träumte und Eifersuchtsqualen litt. Dies war ein wunderschönes Traumleben, aber in diesem Jahr wollte die altbewährte Methode nicht funktionieren, und Sinotschka befand sich in dem merkwürdigen Zustand, daß sie dauernd weglaufen und gleichzeitig dableiben und warten wollte, ungeduldig und verzweifelt warten, ohne zu wissen, worauf.

In der fünften Klasse war Artjom ganz und gar nicht Gegenstand ihrer heimlichen Liebe (er war es in der dritten gewesen, hatte aber nichts davon gewußt). Sinotschka rettete ihn damals in ihrer Leidenschaft für starke Gefühle vor einer Bestrafung. Sie hatte einen Hang zum Gefährlichen – mit etwas herausplatzen und sehen, was daraus wird. Es war nichts Gutes dabei herausgekommen, dafür hatte Sina reichlich Tränen vergossen und galt eine ganze Zeit als Heldin, sogar an den Zöpfen zog man sie heftiger und öfter als die übrigen Mädchen. Das genügte ihr vollauf, Artjom schenkte sie keinerlei Beachtung, ganze drei Jahre lang, währenddessen die Zöpfe von einem kurzen Haarschnitt abgelöst wurden. Bis sie auf dem Geburtstagsfest plötzlich entdeckte, daß sie selbst offensichtlich zum ausersehenen Objekt geworden war, daß sie Artjom gefiel, daß er sie auf ganz besondere Weise ansah und auf ganz besondere Weise mit ihr sprach.

Das war eine große Entdeckung. Sinotschka war unwahrscheinlich stolz darauf, drehte und wendete sich noch mehr als bisher vor jedem Spiegel und empfand das heftige Bedürfnis, sich über jenen Abend, über

Liebe, Sehnsucht und Leid auszulassen. In diesem Augenblick stürzte sich Valentina Andronowna auf sie und lockte mit Leichtigkeit alles aus ihr heraus, allerdings alles so verworren, daß es wie von selbst noch verworrener wurde und schließlich im Sande verlief.

Alles hätte bestens geklappt, wären da nicht zwei Schüler aus der zehnten Klasse gewesen, die sich außerordentlich für die Sache interessierten. Der eine war der bestaussehende Junge der Schule, den die meisten Mädchen wegen seines Aussehens regelmäßig zum Klassensprecher wählten und der mit beneidenswerter Beharrlichkeit auf diesem hohen Posten absolut nichts tat. Der zweite war ebenfalls nicht übel, und Sinotschka begriff plötzlich voll Schreck, daß allzuviel Glück auf sie herabstürzte. Man mußte eine Entscheidung treffen, aber Entscheidungen mochte Sinotschka nicht, sie litt, grämte sich und traf niemals eine Entscheidung.

Entscheidungen wurden stets von Iskra getroffen. Sina packte die Probleme auf den Tisch, Iskra zog einen Augenblick die Brauen in die Höhe und sagte dann, was zu machen sei, klipp und klar und unanfechtbar. Das war immer ganz einfach gewesen, aber die Freundin jetzt zu fragen, in wen man sich verlieben sollte, war unvorstellbar. Iskra würde schon die Fragestellung als übereilt und kleinbürgerlich strengstens verurteilen (alles, was nicht der Gesellschaft diente, hielt Iskra für kleinbürgerlich). Dem würde sich eine logische Analyse von Sinas Wesensart anschließen, bei der ein ganzer Abgrund von Mängeln zutage käme, die Sina erst aus der Welt schaffen müßte, ehe sie sich verlieben dürfte, und auf diese Weise würde schon allein die Möglichkeit der Liebe um mindestens vierzig Jahre hinausgeschoben. Sinotschka würde nur noch weinen können, denn ihr ermangelte es an jeglicher Logik, und über andere Argumente als Tränen verfügte sie nicht.

Zu Hause konnte sie sich keinen Rat holen. Sie war zur Welt gekommen, als man kein Kind mehr erwartete: acht Jahre nach Alexandras Geburt, während die älteste, Maria, bereits erwachsen war, selbst schon zwei Kinder hatte und mit ihrem Mann im Fernen Osten lebte. Alexandra hatte ebenfalls Familie, sie kam selten, und Sinotschka fühlte sich in ihrem Beisein immer etwas gehemmt: als sei sie für alle Zeiten Kind. Blieb noch die Mutter, die ewig mit ihrem Krankenhaus beschäftigt war, wo sie als Operationsoberschwester arbeitete. Sie war – daran ließ sich nichts ändern – um so vieles älter als Sina, daß sie ihr da keinen Rat geben konnte, sie hatte die Zeiten längst vergessen, da man sich in drei gleichzeitig verliebt. Mit dem Vater, der bis zum Hals in der Arbeit steckte, an Beratungen und Versammlungen teilnahm, war es erst recht sinnlos, über solche Dinge zu reden, und Sinotschka sah sich in einer schwierigen und ungewohnten Situation auf sich allein gestellt.

Während der Klassenarbeit in Mathematik kam ihr die Erleuchtung, und sie schrieb drei Briefe. Der Text unterschied sich nur durch die Anrede: „Jura, mein Freund!", „Mein Freund Serjosha!" und „Geschätzter Freund und Schulkamerad Artjom!" Dann folgten verschwommene Worte über Gefühle, über ein leidendes, einsames Mädchenherz, über ein schreckliches Geheimnis, das ihrer Freundschaft augenblicklich im Wege stehe, doch vielleicht könne sich alles noch zum Guten wenden und ihr, Sina, werde es gelingen, ihrer Leidenschaft Herr zu werden, und dann werde sie, die Einsame und Unglückliche, erneut um die Freundschaft bitten, die sie augenblicklich – vorerst! – von sich weisen müsse. Nachdem sie die drei Schreiben beendet hatte, in denen sie Versprechungen für die Zukunft durch unglückselige Verstrickungen des Augenblicks geschickt verschleierte, war Sinotschka ehrlich froh und hielt sich sogar für ungemein klug und weise. Die Frage allerdings, wem sie die Briefe schicken sollte, blieb unbeantwortet, doch damit wollte sich Sina vorläufig Zeit lassen: es reichte, daß sie selbständig einen Ausweg gefunden hatte, auf den niemand auf der Welt – auch Iskra nicht – jemals gekommen wäre. So legte sie die Briefe denn in das Lehrbuch und wurde sogleich etwas fröhlicher. Die Mathearbeit hatte sie nun natürlich nicht geschafft, aber sie schluchzte dermaßen, daß der gutmütige und nicht mehr junge Lehrer Semjon Isaakowitsch ihr noch ein „Genügend" gab.

Drei Tage überlegte sie, an wen sie die Briefe – zwei davon! – schicken sollte und an wen – den einen! – nicht. Doch dann stellte sich heraus, daß sie zwei Briefe verlegt hatte und nur einer übriggeblieben war: „Geschätzter Freund und Schulkamerad Artjom!“ Weil ihr nun keine Wahl mehr blieb, steckte sie ihn Artjom nach der großen Pause, als sie sich wieder auf ihre Plätze begaben, zu.

Artjom las den Brief die ganze Stunde hindurch immer wieder, weigerte sich, zur Tafel zu gehen, erhielt ein „Ungenügend“ und bat Sina auf einem Zettel um ein Rendezvous. Sinotschka hatte damit nicht gerechnet, war aber hocherfreut.

„Tja also, ich kapiere das einfach nicht“, bekannte er ehrlich, als sie sich nach dem Unterricht in die äußerste Ecke des Schulhofes zurückzogen. „Du hast ... Schwierigkeiten?“

„Ja“, seufzte Sina ergeben.

Artjom seufzte ebenfalls, trat von einem Bein aufs andere und schnaufte. Dann fragte er: „Brauchst du vielleicht Hilfe?“

„Hilfe?“ Sie lachte bitter. „Einer Frau kann nur der blinde Zufall oder der Tod helfen.“

Artjom kannte sich in solchen Kategorien nicht aus und glaubte nicht allzusehr an sie. Aber *sie* litt; er kapierte nicht, warum, litt aber aufrichtig mit ihr.

„Vielleicht ... tja also, soll ich jemandem eins in die Fresse geben? Sag es ... sag es nur, genier dich nicht. Ich bin dein ...“

Er verstummte und vermochte ihr nicht zu gestehen, was er für sie sei, und daß er wirklich alles tun würde, was es auch wäre. Doch in ihrer Schusseligkeit und weiblichen Unerfahrenheit überhörte Sinotschka gerade diese drei Worte. Drei Worte eines Schwurs, den Artjom in seinem Inneren verbarg und die für jede Frau mehr bedeuten als ein Liebesgeständnis, zeugen sie doch davon, daß man ihr etwas zu geben bereit ist und nicht nur etwas von ihr zu bekommen hofft. Sina aber erschrak.

„Nein, nein, bloß nicht! Ich brauche nichts, ich werde mit meinem Los schon alleine fertig.“

„Mit was für einem Los?“

„Ich bin nicht frei", sagte sie geheimnisvoll, fieberhaft überlegend, was die Romanheldinnen in ähnlichen Fällen sagen. „Ich mag ihn nicht, ja ich hasse ihn sogar, aber ich habe ihm mein Wort gegeben."

Artjom blickte sehr ungläubig drein, und Sinotschka verstummte, aus Angst, sie könnte überziehen.

„Handelt es sich um Jurka aus der 10a?" fragte er.

„Wo denkst du hin!" wehrte Sina erschrocken ab. „Jurka, das wäre einfach. Nein, Artjom, es ist nicht Jurka."

„Sondern?"

Sinotschka wurde klar, daß Artjom nicht lockerlassen würde. Sie mußte sich aus der Affäre ziehen.

„Sagst du es auch niemandem? Keiner Menschenseele?"

Artjom schwieg und blickte sie sehr ernst an.

„Das ist ein solches Geheimnis, daß ich ins Wasser gehe, wenn du es verrätst."

„Sina, tja also ... das glaubst du doch wohl selber nicht", sagte er schroff. „Ich quatsche überhaupt nicht, ich bin dein ..."

Wieder rutschten ihm diese drei Worte heraus, und wieder verstummte er, und wieder hatte sie Sinotschka nicht mitbekommen.

„Es handelt sich um einen erwachsenen Mann", gestand sie. „Er ist verheiratet und hat meinetwegen schon seine Frau verlassen. Und seine zwei Kinder. Das heißt, eins, das zweite ist noch nicht auf der Welt."

„Du bist doch selber noch ein Kind."

„Was soll ich tun?" flüsterte Sinotschka verzweifelt. „Was nur? Natürlich werde ich ihn nicht heiraten, um nichts in der Welt, aber vorläufig – vorläufig, verstehst du? – können wir beide nicht mehr sein als Schulkameraden."

„Aber das sind wir doch sowieso."

„Ja, leider." Sie schüttelte den Kopf. „Ich bin mir zu spät meiner Situation bewußt geworden, weißt du. Aber vorläufig soll es so bleiben, ja? Vorläufig, verstehst du?"

„Du hast meiner Mutter sehr gefallen", sagte Artjom und verstummte.

„Wirklich?“ Sinotschka lächelte und hatte ihren Kummer mit dem verheirateten Mann augenblicklich vergessen. „Du hast eine wundervolle Mutter, ich hab mich regelrecht in sie verliebt. Ich verliebe mich überhaupt schnell. Tschüs!“

Sie lief davon, selbst von hinten um eine tragische Pose bemüht, obwohl ihr nach Singen und Springen zumute war. Artjom begriff, daß sie ihm einen tüchtigen Bären aufgebunden hatte, aber er war ihr nicht böse. Entscheidend war nicht, daß sie ihn beschwindelt hatte, sondern daß sie ihn nicht brauchte; Artjom merkte zum erstenmal im Leben, wo das Herz sitzt, und schleppte sich traurig – ihm war nicht nach Springen zumute – heim. Just in diesem Augenblick betrat Valentina Andronowna das Direktorenzimmer.

„Da haben wir die Bescherung“, sagte sie und legte zwei beschriebene Seiten, aus einem linierten Schulheft gerissen, auf den Tisch.

In ihrer Stimme schwang eine betrübt-triumphierende Note, doch Nikolai Grigorjewitsch achtete nicht darauf, da die Anrede seine Neugier geweckt hatte: „Jura, mein Freund!“ und „Mein Freund Serjosha!“ Dann folgte etwas recht Unverständliches, doch der Direktor las bis zu Ende und lachte fröhlich.

„So ein dummes Ding! Nein, was für ein Dummerchen das ist!“

„Mir ist nicht nach Lachen zumute. Entschuldigen Sie, Nikolai Grigorjewitsch, aber schuld sind Ihre Spiegel.“

„Ach, hören Sie doch auf“, wehrte er ab. „Die Mädchen spielen einfach Liebe – sollen sie! Alles Natürliche ist vernünftig. Wenn Sie gestatten.“

Er knüllte die Briefe zusammen und faßte in die Hosentasche. Valentina Andronowna stürzte auf den Tisch zu. „Was tun Sie?“

„Zurückgeben wäre peinlich, also weg damit und basta.“

„Ich protestiere kategorisch. Hören Sie, kategorisch! Das ist ein Dokument …“

Sie versuchte, die Blätter über den Tisch hinweg zu erwischen, doch die Arme des Direktors waren länger.

„Das ist ganz und gar kein Dokument, Valentina Andronowna."

„Ich weiß, wer das geschrieben hat. Ich weiß es, verstehen Sie? Die Kowalenko hat das geschrieben: sie hat ihr Lesebuch liegen gelassen ..."

„Das interessiert mich nicht. Und Sie auch nicht. Es hat Sie nicht zu interessieren ... Setzen!"

Er hatte einst eine Eskadron befehligt. Als Valentina Andronowna das Metall in seiner Stimme hörte, ließ sie sich sogleich auf den Stuhl fallen. Der Direktor zog Streichhölzer aus der Hosentasche und verbrannte die beiden Briefe.

„Und merken Sie sich: Es hat keine Briefe gegeben. Das Schlimmste, was es gibt, ist die Verdächtigung. Sie verdirbt die Menschen, macht sie zu Schurken und Egoisten."

„Ich schätze Ihre kämpferischen Verdienste, Nikolai Grigorjewitsch, aber Ihre Erziehungsmethoden halte ich nicht nur für verkehrt, sondern für schädlich. Ja, schädlich! Ich sage Ihnen offen, ich werde Beschwerde einlegen."

Der Direktor holte tief Atem, schüttelte bekümmert den Kopf und wies mit dem Finger auf die Tür. „Gehen Sie und beschweren Sie sich. Schnell, ehe der Zorn verraucht ist."

Valentina Andronowna warf wütend die Tür zu. Ihr Geduldsfaden war gerissen, jetzt wollte sie offen dafür kämpfen, was den Sinn ihres Lebens ausmachte: für die sowjetische Schule. Furchtlos brach sie alle Brücken hinter sich ab.

Wäre nicht der vergangene Abend gewesen, hätte Iskra Sinotschkas besondere Nervosität sicherlich bemerkt. Doch die gewohnte Harmonie war durch diesen Abend gestört worden; Iskra beschäftigte sich mehr mit sich selbst und hatte die Freundin nicht unter Kontrolle.

Saschka Stameskin arbeitete noch gar nicht lange im Betrieb und hatte sich schon merklich verändert. Er hatte plötzlich ein müdes Selbstbewußtsein in der Stimme, eigene Ansichten und – was Iskra aufmerken ließ – eine besondere Beziehung zu ihr. Wie früher pflegte er zu allem ja und amen zu sagen und sich zu fügen, wie früher pfiff er durch die halb ausgeschlagenen Zähne und machte bei den üblichen Vorhaltungen ein finsteres Gesicht. Doch daneben war für kurze Augenblicke zu spüren, was der Betrieb, das selbstverdiente Geld, das Erwachsenendasein und die Erwachsenenbekanntschaften in ihm bewirkt hatten – und Iskra wußte nicht, sollte sie sich darüber freuen oder gewaltsam dagegen ankämpfen.

An jenem Abend gingen sie nicht ins Kino, weil sich Iskra in den Kopf gesetzt hatte spazierenzugehen. Spazierengehen bedeutete aber, miteinander reden, denn einfach so zu bummeln oder herumzublödeln vermochte Iskra nicht. Entweder gab sie ihrem Stameskin Erziehungsmaßregeln, oder sie erzählte ihm, was sie in Büchern gelesen hatte und was sie selbst darüber dachte. Zunächst hatte Saschka bei jeder Gelegenheit verzweifelt mit ihr gestritten, dann war er schweigsam geworden, und in letzter Zeit begann er zu lächeln, und dieses Lächeln gefiel Iskra ganz und gar nicht.

„Warum lächelst du, wenn du nicht einverstanden bist? Sag doch deine Meinung und verteidige deinen Standpunkt!"

„Mir sagt deine Ansicht durchaus zu."

„Stameskin, das ist nicht kameradschaftlich", seufzte Iskra. „Du bist nicht aufrichtig. Du bist überhaupt ein schrecklich hinterlistiger Mensch geworden."

„Ich bin nicht hinterlistig." Saschka seufzte ebenfalls. „Ich lächle, weil ich mich wohl fühle."

„Und warum fühlst du dich wohl?"

„Ich weiß nicht. Es ist eben so und basta. Setzen wir uns."

Sie setzten sich auf eine Bank in einer menschenleeren tristen Grünanlage. Die Bank war recht hoch, und Iskra baumelte selbstvergessen mit den Beinen.

„Verstehst du, von der Logik her betrachtet, ist das Leben eines Menschen nur für ihn selber von Interesse. Aber nicht nach der toten, sondern nach der lebendigen gesellschaftlichen Logik ist er, das heißt der Mensch ..."

„Weißt du was?" fragte Saschka plötzlich mit fremder Stimme. „Du bist mir nicht böse, wenn ich ..."

„Was?" fragte Iskra sehr leise.
„Doch, du bist mir bestimmt böse."
„Aber nein, Sascha, bestimmt nicht!" Iskra nahm seine Hand und schüttelte sie, als wollte sie die Reste an Mut wachrütteln. „Nun also, was?"
„Ich möchte dich küssen."
Eine lange Pause trat ein, in der sich Saschka äußerst unwohl fühlte. Erst saß er reglos da, erschlagen von seiner eigenen Kühnheit, dann begann er hin und her zu rutschen, ächzte und stöhnte und sagte niedergeschlagen: „Na ja. Ich dachte ja nur ..."
„Tu's doch", sagte Iskra, nur mit den Lippen.
Saschka holte tief Luft und zögerte. Iskra beugte sich zu ihm und hielt ihm ihre glatte, kühle Wange hin. Er drückte die Lippen darauf, zog mit einer Hand ihren Kopf an sich und erstarrte. Lange saßen sie reglos, und Iskra lauschte erstaunt, wie ihr Herz pochte.
„Laß mich los ..." Sie befreite sich aus seinen Armen.
„Na ja ...", seufzte Saschka.
„Schrecklich, was?" flüsterte Iskra. „Pocht dein Herz auch so?"
„Noch einmal, ja? Ein einziges Mal ..."
„Nein", sagte sie brüsk und rückte beiseite. „Irgend etwas geht mit mir vor ... ich muß nachdenken."
Mit ihr ging wirklich etwas vor, etwas Neues, Erschreckendes, der Kuß hatte es nicht ausgelöst, er hatte nur verstärkt, was schon im Gange war. Iskra ahnte, was es war, aber sie war böse, weil es eher kam, als es ihrer Meinung nach hätte kommen sollen. Sie war böse und gab ihm doch gleichzeitig nach.
Die Zeit des eigenen, persönlichen Lebens brach an, und die Mädchen blickten diesem für sie neuen Lebensabschnitt besorgt entgegen; sie wußten, er ging nur sie selbst an, da konnte ihnen keiner helfen. Weder die Schule, noch der Komsomol, noch die Mütter. Diesem Leben mußte man sich stellen; die Frau, die in ihnen allen gleichermaßen und doch in jeder auf eigene Weise erwachte, verlangte Eigenständigkeit, wie bei allen Frauen, zu allen Zeiten.
In diesem aufregenden und so wichtigen Lebensab-

schnitt zog es Iskra nicht zu Sinotschka, die sie steif und fest für ein Kind hielt, sondern zu Vika Ljuberezkaja. Zu der stolzen Vika, die – das fühlte Iskra – die Schwelle bereits überschritten und sich als Frau erkannt, sich diesem neuen Zustand angepaßt hatte und stolz darauf war. Aber Iskra wollte nicht unangemeldet dort auftauchen, denn sie hatte bei ihrem ersten Besuch bemerkt, daß es Vika nicht recht gewesen war. Also sagte sie schon in der Klasse zu ihr: „Ich möchte den Jessenin zurückgeben. Kann ich heute vorbeikommen?"

„Komm nur", sagte Vika, ohne jede Gefühlsregung.

Iskra gefiel das nicht (sie hatte gehofft, Vika würde sich freuen), aber sie ließ sich nicht abbringen. Nachdem sie ihre Hausaufgaben bereits in der Schule gemacht hatte – sie tat das häufig, denn die mündlichen Aufgaben brauchte man nicht zu büffeln, die schriftlichen aber konnte man zwischendurch erledigen –, lief sie heim, hinterließ der Mutter einen Zettel, nahm den Jessenin und ging zu den Ljuberezkis, wobei sie unmutig feststellte, daß sie Herzklopfen hatte.

Vika wartete schon, öffnete sofort, hängte Iskras Mantel schweigend auf einen Bügel und geleitete sie ebenso schweigend in ihr Zimmer. Dort stand ein riesiger Sessel, auf den die Hausherrin zeigte, doch Iskra konnte sich nicht entschließen, darin Platz zu nehmen. Sie hatte noch nie in einem solchen Sessel gesessen und dachte, sie würde sich darin nicht wohl fühlen.

„Danke, Vika", sagte sie, gab ihr das Buch und setzte sich auf einen Stuhl.

„Bitte." Vika sah sie lächelnd an. „Ich hoffe, du wirst jetzt nicht mehr behaupten, daß das schädliche Verse sind."

„Wunderbare Verse sind es", seufzte Iskra. „Ich glaube, ich bin sogar überzeugt, daß man sie bald hoch bewerten und Sergej Jessenin ein Denkmal setzen wird."

„Und welche Inschrift würdest du dem Denkmal geben? Laß uns einen Wettbewerb starten: ich verfasse eine Inschrift und du ebenfalls."

Sie taten es, und Vika bekannte unumwunden, daß Iskra der Sieger sei: ihre Inschrift lautete: „Dank sei dem

Herzen, das für uns schlug." Nur die Worte „für uns schlug" änderten sie in „für uns litt".

„Ich habe nie darüber nachgedacht, was Liebe ist", sagte Iskra möglichst uninteressiert, nachdem sie ein wenig über schulische Dinge geplaudert hatten. „Offensichtlich haben mich die Verse dazu angeregt."

„Mein Vater sagt, im Leben gibt es zwei heilige Pflichten, über die man sich Gedanken machen muß: für die Frau – lieben zu lernen, für den Mann – seiner Sache zu dienen."

Iskra überlegte, wie sie das Gespräch auf das bringen könnte, weswegen sie eigentlich hier war; nur deshalb verbiß sie sich nicht wie eine Bulldogge in Vikas These. Sie ließ sie vorbeirauschen, vermerkte jedoch für sich, daß es für eine Frau genauso wichtig sei wie für einen Mann, der Sache zu dienen, schließlich hatte die Große Sozialistische Oktoberrevolution doch gerade die Frau von den Fesseln des Herds und des Mannes befreit.

„Wie stellst du dir das Glück vor?" fragte Vika, weil ihr Gast in Nachsinnen versunken war.

„Das Glück? Glück ist, seinem Volk nützlich zu sein."

„Nein." Vika lächelte. „Das ist eine Pflicht, ich habe dich aber nach dem Glück gefragt."

Iskra hatte sich das Glück immer als etwas ganz Hochtrabendes vorgestellt. Glück – das bedeutete, den unterdrückten Völkern zu helfen, den Kapitalismus auf dem ganzen Erdball zu liquidieren, das bedeutete: „Ich verließ mein Haus, das Gewehr in der Hand – der Grenada-Bauer ist arm, braucht Land"; ihr stockte jedesmal der Atem, wenn sie diese Zeilen las. Doch nun glaubte sie auf einmal, daß Vika recht hatte: das bedeutete nicht Glück, sondern Pflicht. Und sie fragte, um Zeit zu gewinnen: „Wie stellst du es dir denn vor?"

„Lieben und geliebt werden", sagte Vika träumerisch. „Ich will keine extravagante Liebe. Eine ganz gewöhnliche, aber echte Liebe soll es sein. Und Kinder möchte ich haben. Drei. Ich selbst bin ein Einzelkind, und das macht keinen Spaß. Zwei Jungs und ein Mädchen möchte ich haben. Und für meinen Mann würde ich alles tun, damit er ..." Sie wollte sagen „berühmt wird", aber sie ließ es bleiben. „Damit er sich bei mir immer wohl fühlt. Und damit wir uns gut verstehen und beide am selben Tage sterben, wie Grin sagt."

„Wer?"

„Hast du Grin nicht gelesen? Ich geb ihn dir, du mußt ihn unbedingt lesen."

„Danke." Iskra überlegte. „Meinst du nicht, daß das kleinbürgerlich ist?"

„Ich wußte, daß du das sagen würdest." Vika lachte. „Nein, das hat überhaupt nichts mit Kleinbürgertum zu tun. Das ist das normale Glück jeder Frau."

„Und die Arbeit?"

„Die klammere ich nicht aus, aber Arbeit – das ist unsere Pflicht und nichts anderes. Mein Vater sagt, das sind zwei verschiedene Dinge: Pflicht ist ein gesellschaftlicher Begriff, Glück ein durch und durch persönlicher."

„Und was sagt dein Vater über das Kleinbürgertum?"

„Er sagt, Kleinbürgertum ist, wenn man sich, ohne es zu merken, zum Sklaven macht. Zum Sklaven von Dingen, Bequemlichkeit, Geld, Karriere, Wohlstand, Gewohnheiten. Man hört auf, frei zu sein, und entwickelt eine typisch sklavische Weltsicht. Man verliert sein ‚Ich', seine eigene Meinung, schließt Kompromisse und pflichtet dem bei, den man für den Herrn hält. Auf diese Weise erklärt Vater das Kleinbürgertum als eine gesellschaftliche Erscheinung. Als Kleinbürger bezeichnet er den, der die Bequemlichkeit über die Ehre stellt."

„Ehre ist ein Begriff aus der Adelswelt", wandte Iskra ein. „Wir akzeptieren ihn nicht."

Vika lachte eigentümlich. Dann sagte sie, und in ihrer Stimme schwang Trauer: „Ich möchte dich gern haben, Iskra, du bist das beste Mädchen, das ich kenne. Aber ich kann es nicht und glaube nicht, daß ich es jemals könnte, weil du eine Maximalistin bist."

Iskra hätte am liebsten losgeheult, beherrschte sich aber. So saßen sie lange stumm, als müßten sie sich an das Gesagte erst gewöhnen. Dann fragte Iskra leise: „Ist es denn schlecht, eine Maximalistin zu sein?"

„Nein, nicht schlecht, und ich bin sogar überzeugt,

daß die Gesellschaft sie braucht. Aber es ist sehr schwer, mit ihnen befreundet zu sein, und es ist ausgeschlossen, sie zu lieben. Denk darüber nach, schließlich wirst du einmal eine Frau."

„Gewiß." Iskra unterdrückte einen Seufzer und stand auf. „Ich muß jetzt gehen. Danke ... Für Jessenin."

„Entschuldige, daß ich es dir gesagt habe, aber ich mußte es tun. Ich will genauso wie du die Wahrheit sagen, nichts als die Wahrheit."

„Willst du etwa eine Maximalistin werden, mit der es so schwer ist, befreundet zu sein?" Iskra zwang sich zu einem Lächeln.

„Ich möchte nicht, daß du gekränkt fortgehst ..." Die Eingangstür klappte, und Vika war höchst erfreut. „Ah, da ist Papa! Du gehst jetzt nirgendshin, erst trinken wir Tee."

Wieder gab es Konfekt und Törtchen, obwohl kein Feiertag war. Wieder machte Leonid Sergejewitsch Späßchen und bewirtete Iskra, aber er war die ganze Zeit über nachdenklich. Manchmal verstummte er für eine ganze Weile, als müsse er auf eine eigene, innere Welle umschalten.

„Iskra und ich haben uns gestritten, was Glück ist", sagte Vika. „Und konnten uns nicht einigen, wer recht hat."

„Glück ist, einen Freund zu haben, der sich in einem schwierigen Augenblick nicht von dir abwendet." Leonid Sergejewitsch sagte das wie zu sich selbst, als sei er noch auf jene innere Welle geschaltet. „Wer hat schon recht, wer schuld ..." Plötzlich taute er auf. „Was, meint ihr, Mädchen, stellt die höchste Errungenschaft der Gerechtigkeit dar?"

„Die höchste Errungenschaft der Gerechtigkeit ist unsere Sowjetunion", antwortete Iskra prompt.

Sie gebrauchte häufig Gemeinplätze, aber aus ihrem Mund hörten sie sich nicht banal an. Sie glaubte ehrlich daran und gab sie aus voller Überzeugung von sich, daher klangen auch die abgedroschensten Phrasen aufrichtig. Weder Vika noch ihr Vater lächelten darüber.

„Das ist wohl eher eine Errungenschaft der sozialen Ordnung", sagte Leonid Sergejewitsch. „Ich dagegen meine die Präsumtion der Unschuld. Das heißt, die Tatsache, daß man nicht zu beweisen braucht, daß man kein Verbrecher ist. Vielmehr sind die Justizorgane verpflichtet, der Gesellschaft zu beweisen, daß man ein Verbrechen begangen hat."

„Sogar, wenn man es gestanden hat?" fragte Vika.

„Sogar, wenn man es unter Eid schwört. Der Mensch ist ein sehr kompliziertes Wesen und mitunter bereit, mit aller Aufrichtigkeit fremde Schuld auf sich zu nehmen. Sei es aus charakterlicher Schwäche oder gar Stärke, aus einem Zusammentreffen von Umständen, aus dem Wunsch, durch ein persönliches Geständnis die Strafe zu mildern, oder um das Auge des Gerichts von einem noch größeren Verbrechen abzulenken. Aber ich habe mich wohl hinreißen lassen, Mädchen, ihr müßt schon entschuldigen. Außerdem ist es Zeit für mich."

„Kommst du spät nach Hause?" fragte Vika wie gewöhnlich.

„Du wirst dich bereits in Träumen wiegen." Leonid Sergejewitsch stand auf, schob den Stuhl auf seinen Platz zurück, nickte Iskra zu, blinzelte Vika schelmisch an und ging.

Iskra kehrte heim und dachte eifrig über das Kleinbürgertum und insbesondere über die „Präsumtion der Unschuld" nach. Ihr gefiel schon allein der Ausdruck außerordentlich, und sie pflichtete Leonid Sergejewitsch bei, daß dies die Voraussetzung für eine gerechte Einstellung gegenüber dem Menschen sei. Sie bedauerte nur, daß sie Vika nicht an den geheimnisvollen Schriftsteller mit dem fremdländischen Namen Grin erinnert hatte.

Zu dem erwarteten und erhofften intimen Gespräch war es nicht gekommen: Vikas Geständnis, daß sie Iskra nicht gern mochte, hatte diese nicht nur traurig gemacht, sondern zutiefst verletzt. Dabei handelte es sich nicht allein um verletzte Eigenliebe (obwohl sie auch eine Rolle spielte), sondern darum, daß sich Iskra selbst zu Vika außerordentlich hingezogen fühlte, weil sie sie für klug und sensibel hielt. Sie fühlte sich zu den guten Büchern und Gesprächen hingezogen, zu der gemütlichen großen Wohnung mit der komfortablen Einrichtung, obwohl sie, hätte man sie daraufhin angesprochen, diese

Schwäche erbittert und bis zu Zornestränen bestritten hätte. Am meisten aber gefiel ihr Vikas Vater, Leonid Sergejewitsch Ljuberezki, weil sie selbst keinen Vater hatte und nach ihrer Vorstellung Ljuberezki der idealste Vater der Welt war, obwohl man ihn natürlich noch ein bißchen umerziehen müßte. Iskra würde das unbedingt tun, wenn ... Doch ein „wenn" gab es nicht, und mit aussichtslosen Träumereien hatte Iskra nichts im Sinn. Sie war lediglich ein wenig traurig.

Zu Hause fand Iskra ein Glas Milch, ein Stück Brot und einen Zettel vor. Die Mutter teilte mit, sie habe eine wichtige Sitzung zu leiten, komme erst spät heim und die Tochter solle rechtzeitig schlafen gehen und im Bett nicht noch Romane lesen. Das vorletzte Wort war unterstrichen. Iskra teilte das Abendbrot mit der Nachbarskatze, schaute nach, ob sie alle Aufgaben gemacht hatte, und beschloß plötzlich, einen Beitrag für die nächste Nummer der Schulwandzeitung zu schreiben.

Sie schrieb vom Vertrauen gegenüber den Menschen, selbst gegenüber den jüngsten, den Schülern der ersten Klasse; vom Glauben an diesen Menschen, davon, wie dieser Glaube beflügelt, welche Wunder ein Mensch vollbringen kann, der überzeugt ist, daß man ihm Glauben schenkt. Sie erinnerte – sehr treffend, wie ihr schien – an Makarenko, wie dieser Karabanow Geld anvertraute und was für ein Prachtkerl aus Karabanow wurde. Und sie erklärte, was unter „Präsumtion der Unschuld" zu verstehen sei. Nachdem sie das Ganze noch einmal durchgelesen und einiges korrigiert hatte, schrieb sie es ins reine und legte es auf Mutters Tisch: sie gab alle ihre Artikel der Mutter zur Begutachtung. Dann machte sie das Bett, löschte das Licht – in letzter Zeit zog sie sich nicht mehr bei Licht aus –, streifte das Nachthemd über, knipste die Lampe wieder an und schlüpfte unter die Bettdecke. Sie holte den versteckten Dos Passos hervor und begann zu lesen, wobei sie aufmerksam lauschte, ob nicht die Flurtür klappte.

War es, weil sie lauschen mußte, oder weil die Gedanken von Schuld und Unschuld, Vertrauen und Mißtrauen ihr nicht aus dem Kopf gingen, oder weil der

Körper, von Strumpfgürtel und BH befreit, sich aller Fesseln ledig und wohl fühlte, oder war es alles zusammen – lesen konnte sie jedenfalls nicht lange. Also versteckte sie das Buch wieder sorgsam, legte sich auf die Seite, schob die Hand unter die Wange und schlief sofort ein.

Ihr schien, man habe sie geweckt, kaum daß sie eingeschlafen war. Sie öffnete die Augen: vor ihr stand die Mutter.

„Zieh den Morgenrock an und komm zu mir." Iskra erschien gähnend, warm und rosig vom Schlaf.

„Was ist das?"

„Ein Artikel für die Wandzeitung."

„Wer hat dich veranlaßt, das zu schreiben?"

„Niemand."

„Iskra, lüge nicht, ich bin müde", sagte die Mutter leise, obwohl sie sehr genau wußte, daß Iskra niemals log, auch nicht, um dem Koppel zu entgehen.

„Ich lüge nicht, ich habe das von mir aus geschrieben. Ich wußte nicht einmal, daß ich es schreiben würde. Es ist mir einfach so eingefallen. Ich glaube, es ist gut geworden, oder?"

Die Mutter ließ sich nicht über die Qualität des Aufsatzes aus. Sie schaute Iskra durchdringend an, versuchte dann eine Zigarette anzuzünden und zerbrach dabei nervös Streichhölzer.

„Wer hat dir das erzählt?"

„Leonid Sergejewitsch Ljuberezki."

„Ein reflektierender Intellektueller!" Die Mutter stieß ein kurzes Lachen aus. „Was für Weisheiten hat er dir noch erzählt?"

„Keine. Das heißt, er hat noch von der Gerechtigkeit gesprochen, davon, daß ..."

„Soso." Die Mutter wandte sich schroff herum, ihre Augen funkelten in dem bekannten kalten Feuer. „Du hast diesen Aufsatz hier nicht geschrieben und wirst ihn nicht schreiben. Niemals."

„Aber das ist ungerecht ..."

„Gerecht ist, was der Gesellschaft nützt. Nur das ist gerecht, merk dir das!"

„Und der Mensch? Der Mensch schlechthin?"

„Einen Menschen schlechthin gibt es nicht. Es gibt den Staatsbürger, und der ist verpflichtet zu glauben."

Sie drehte sich weg, riß nervös ein Streichholz an, ohne zu merken, daß zwischen ihren Lippen schon eine Zigarette qualmte.

Fünftes Kapitel

Sinotschka träumte, daß sie ein erwachsener Mann küßte. Das war unheimlich, wunderschön und gar nicht beängstigend, weil da irgendwo die Mutter war; Sina wußte, daß sie sich in der Nähe befand und daß sie sie zu Hilfe rufen konnte, aber sie rief nicht. Der Traum ging zu Ende, und mit ihm auch der Kuß, und Sina kniff die Augen fest zu in der Hoffnung, wenigstens noch ein einziges Mal geküßt zu werden.

Aber sie mußte ja aufwachen. Ohne die Augen zu öffnen, schob sie mit den Beinen die Bettdecke beiseite, wartete, bis ihr ein bißchen kalt wurde und setzte sich dann auf. Sofort bot sich ihren Augen ein gräßlicher Anblick: anstatt der sommerlichen Höschen, die sich so angenehm tragen, lagen auf dem Stuhl die scheußlichen gewirkten Schlüpfer mit Beinen fast bis zu den Knien. Der Traum, die morgendliche gute Laune und der Zauber des neuen Tages waren wie weggeweht. Sina schnappte sich den Schlüpfer und rannte im bloßen Hemd in die Küche.

„Mama, was soll das, frage ich dich?"

Die Eltern frühstückten gerade, und so blieb sie vor der Tür stehen und steckte nur den Kopf und die Hand durch den Türspalt.

„Heute ist der erste Oktober", sagte die Mutter ruhig. „Es ist an der Zeit, warme Wäsche anzuziehen."

„Ich bin doch wohl kein Kind mehr."

„Du bist kein Kind mehr, aber das scheint nur so."

„Warum soll ich mich mit diesen Dingern herumquälen?" rief sie verzweifelt.

„Weil du dich überall hinsetzt und dich leicht erkälten kannst."

„Reg dich nicht auf, Sinaida“, lächelte der Vater. „Wir sind hier nicht in Afrika, also zieh dich so an, wie es das Klima verlangt.“

„Wie es Mama verlangt, nicht das Klima!“ schrie Sinotschka. „Alle Mädchen ziehen sich hübsch an, nur ich muß wie eine Vogelscheuche herumlaufen.“

„Im Augenblick siehst du wirklich wie eine Vogelscheuche aus. Ungewaschen, ungekämmt und unangezogen.“

Aufschluchzend lief Sina davon. Vater und Mutter sahen einander an und lächelten.

„Unsere Tochter wird erwachsen“, sagte die Mutter.

„Eine angehende Braut!“ fügte der Vater hinzu.

Sie liebten ihre Jüngste mehr als die anderen, suchten das aber sorgsam zu verbergen und erzogen sie streng. Sina ging bis jetzt um halb elf zu Bett, durfte die Spätvorstellungen im Kino nicht besuchen und im Theater nur die Nachmittagsvorstellungen. Dieses Reglement (zu dem auch die unglückseligen Winterschlüpfer gehörten) hatte ihr nie etwas ausgemacht, doch in letzter Zeit begann sie immer öfter dagegen aufzumucken. Dieses Aufmucken hatte allerdings zu keinen sichtlichen Ergebnissen geführt, doch Vater und Mutter lächelten jetzt auf besondere Weise und stellten voller Stolz fest, daß ihre Tochter erwachsen wurde. Die Familie lebte einträchtig, und nachdem die älteren Schwestern weggeheiratet hatten, waren die drei noch unzertrennlicher. Alles wurde gemeinsam beraten und beschlossen, doch wie es in russischen Familien häufig der Fall ist, hielt die Mutter mühelos, und ohne es die anderen merken zu lassen, die Zügel in der Hand.

„Kränke niemals deinen Mann, mein Kind. Männer sind sehr empfindlich und ertragen es nur schwer, wenn man sie kommandiert. Man muß immer ausgeglichen, liebevoll und freundlich sein, Kleinigkeiten hinnehmen und immer so tun, als erfülle man seinen Wunsch. Unsere Stärke liegt in der Sanftmut.“

Die Mutter bereitete Sina allmählich und behutsam auf das künftige Familienleben vor. Sina wußte vieles, was alle Mädchen wissen sollten, und der Übergang vom Kind zum jungen Mädchen vollzog sich bei ihr ruhig und ohne die häufig vorkommenden seelischen Erschütterungen.

Der Vater mischte sich in die Erziehung nicht ein. Er arbeitete als Meister in demselben Betrieb wie Artjoms Vater und Brüder, war Mitglied der Gewerkschaftsleitung, leitete den Zirkel „Kurzer Lehrgang der Geschichte der KPdSU (B)" und war überhaupt außerordentlich beschäftigt. In seiner spärlichen Freizeit unterhielt er sich mit der Tochter über internationale Probleme. Sinotschka hörte höflich zu, eingedenk der Worte ihrer Mutter, daß die Männer schrecklich empfindlich seien, aber sie ließ alles an ihren rosigen Ohren vorbeirauschen.

Zum Frühstück erschien Sina in düsterer Stimmung, doch allmählich verlor das Leben seinen tragischen Charakter wieder. Sie gab der Mutter einen fröhlichen Kuß – der Vater war schon zur Arbeit gegangen –, hörte sich zerstreut die üblichen Anordnungen (abwaschen, fegen, aufräumen) an und schlüpfte aus der Tür. Kaum war die Tür hinter ihr ins Schloß gefallen, stellte sie den Schulranzen beiseite, hob den Rock und schob die Schlüpferbeine so hoch, wie es nur ging. Die Beine waren dort natürlich dicker, der Gummi schnitt schmerzhaft ins Fleisch, aber für Sinotschka war es das wichtigste, gut auszusehen. Nachdem diese Prozedur beendet war, steckte sie der Tür die Zunge heraus, nahm die Schulmappe und hopste – manchmal, wenn sie nicht daran dachte, lief sie noch im Hopseschritt – eilends zur Schule.

Doch schon an der nächsten Ecke änderte sie diese Gangart und schritt nun wie ein äußerst beschäftigter Mensch forsch aus: Jura kam ihr nämlich entgegen. Der schöne Jura aus der 10a, der ewige Klassensprecher und Faulenzer.

„Grüß dich", sagte er und gesellte sich an ihre Seite.

„Grüß dich", sagte sie, so desinteressiert wie möglich.

„Was hast du heute abend vor?"

„Weiß ich noch nicht, aber ich hab furchtbar viel um die Ohren."

„Wollen wir ins Kino gehen?" Jura hielt ihr zwei Karten unter die Nase. „Ein Klassefilm. Die Karten hab ich über Beziehungen bekommen, für die Spätvorstellung."

Sinotschka überschlug blitzartig: Mutter hatte Nachtschicht, war also nicht vor zwei da, Vater ... Na, mit Vater würde man schon klarkommen.

„Oder mußt du wie ein Kleinkind um neun ins Bett?"

„Das fehlte noch!" fauchte Sina verächtlich. „Ich muß nur überlegen, wie ich eine Verabredung absage. Also gut, ich geb dir nach dem Unterricht Bescheid."

„Sag es gleich, kommst du nun mit oder nicht?"

„Ja, aber endgültig geb ich dir nach dem Unterricht Bescheid. Kapiert? Und nun geh schon, ich handle mir sonst Ärger ein."

Sinotschka hatte natürlich keinen Ärger zu erwarten, doch sie wollte sich nicht unter ihrem Wert verkaufen. Der schöne Jura machte verdutzt etwas längere, Sinotschka triumphierend etwas kürzere Schritte, und so kamen sie in geziemendem Abstand voneinander in der Schule an.

Ihr war alles andere als nach Lernen zumute. Die Unterrichtsstunden zogen sich qualvoll hin, so als bestünde jede nicht aus fünfundvierzig Minuten, sondern aus vierundvierzig Stunden. Sinotschka litt, seufzte, rutschte hin und her, handelte sich drei Verweise ein, und als das letzte Klingelzeichen ertönte, geriet sie in Panik und vermochte sich nicht vom Platz zu erheben.

„Komm", sagte Iskra. „Ich habe von einer interessanten Idee gelesen ... Was hast du?"

„Nichts." Sina saß da wie ein Ölgötze.

„Warum stehst du nicht auf?"

„Weil ich zum Arzt muß." Sie sagte, was ihr gerade einfiel. „Das heißt, zuerst zu Mama, und dann ... Wo man mich hinbringt."

Auch Artjom rührte sich wie zum Trotz nicht vom Fleck. Er stritt über irgend etwas mit seinem Shorka, ohne sie anzusehen. Wenn der wüßte, mit wem ich ins Kino gehe, der würde Augen machen! dachte Sina schadenfroh.

Da Iskra nichts Gescheites aus der Freundin herausbekam, zog sie von dannen. Bald trollten sich auch Artjom und Landys, und Sina blieb allein. Leise schlich sie sich zum Fenster und spähte hinaus: auf dem verödeten Schulhof war nur Jura zu sehen.

„Er wartet!“ flüsterte Sinotschka und jauchzte geradezu vor Vergnügen.

Sie ergriff die Schultasche, stürzte Hals über Kopf aus der Klasse, flog die hallenden Korridore entlang, doch an der Eingangstür blieb sie stehen. Vor Jura mußte sie ruhig, müde und fast gleichgültig hintreten. Sinotschka hatte keinerlei Erfahrung mit Rendezvous, und alles, was sie jetzt tat, tat sie intuitiv. Sie überlegte nicht, sie handelte so, weil sie es nicht besser wußte.

„Grüß dich.“

„Warum schaut mich Artjom an, als ob er mich fressen wollte?“ fragte Jura.

„Keine Ahnung“, sagte Sina etwas verdutzt. Sie hatte einen anderen Gesprächsanfang erwartet.

„Also, wie steht's mit dem Kino?“ Jura hatte die vagen Befürchtungen verdrängt, und seine Augen nahmen wieder den schmachtenden Ausdruck an.

„Alles klar“, bemerkte Sina wie nebenbei. „Wo und wann?“

„Halb zehn am ‚Komintern‘, abgemacht?“

„Abgemacht“, sagte Sina mutig, obwohl ihr das Herz stockte.

„Darf ich dich begleiten?“

„Auf keinen Fall!“ lehnte sie stolz ab und ging, einzig und allein auf ihre Haltung bedacht.

So entfernte sie sich und hätte vielleicht den ganzen Weg über den Blick des schönen Jura auf ihrem Rücken gespürt, wäre ihr nicht Lena Bokowa begegnet. Lena wollte die Künstlerlaufbahn einschlagen und nahm bei einer alten und sehr Verdienten Schauspielerin Unterricht, jetzt aber kam sie angerannt, wischte sich die Tränen ab und schniefte unschön mit der Nase.

„Sie haben Mentik eingefangen und mitgenommen.“

„Und wo bist du gewesen?“

„Ich hab's uberhaupt nicht gemerkt. Ich habe mich mit jemandem unterhalten, und als der wegging, sagten mir die Jungs, daß sie Mentik eingefangen und mitgenommen haben."

Mentik war der Hund der Verdienten Schauspielerin, einer kränklichen alten Dame, die ständig von einem Schwarm künftiger Talente umgeben war.

„Du hast natürlich mit Paschka Ostaptschuk gequatscht", konnte sich Sinotschka trotz aller Tragik nicht enthalten zu sagen.

„Lieber Gott, was macht das schon für einen Unterschied? Ob mit Paschka oder ..."

„Und wohin läufst du jetzt?"

„Ich weiß nicht. Vielleicht zu Nikolai Grigorjewitsch. Kannst du dir vorstellen, was aus ihr werden soll? Sie hat doch keine lebende Seele außer Mentik!"

„Zu Iskra!" rief Sina und hatte augenblicklich die Einladung ins Kino, den schmachtenden Blick und die eigene gleichmütige Haltung samt Rücken vergessen.

Sie liefen zu Iskra, und unterwegs erzählte Lena noch einmal die Geschichte von dem verschwundenen Hund, und bei Iskra spielte sie das Ganze dann vor.

„Sie ziehen ihnen das Fell ab", sagte Sina wütend.

„Red keinen Unsinn, sie verkaufen sie an wissenschaftliche Institute", bemerkte Iskra autoritativ. „Das bedeutet aber, daß es ein Geschäft oder einen Hundezwinger geben muß: das machen sie doch nicht auf eigene Faust."

„Wir müssen Mentik retten", sagte Lena. „Unbedingt, verstehst du? Er ist durch meine Schuld verlorengegangen, und überhaupt ..."

„Wir müssen zur Miliz gehen", entschied Iskra. „Die Miliz weiß alles."

„Lassen wir doch lieber die Miliz aus dem Spiel", hauchte Sinotschka. „Sonst merken sie sich unsere Gesichter und grüßen uns auf der Straße. Stell dir vor, du gehst mit deinem Vater auf der Straße und ein Milizionär sagt zu dir: ‚Guten Tag!'"

„Wenn mich etwas bedrückt, Sinaida, dann ist es die Tatsache, mit was für Quatsch dein Kopf vollgestopft ist", sagte Iskorka besorgt und schlüpfte in ihren Mantel und herrschte Lena an: „Heul nicht! Jetzt heißt es handeln, heulen könnt ihr auf der Miliz, falls nötig."

Auf der Miliz hatten sie kein Glück. Ein brummiger Diensthabender unterbrach sie mitten in der Geschichte: „Mit Hunden haben wir nichts zu schaffen."

„Wer dann?" Iskra ließ nicht locker. „Bitte erklären Sie uns das. Jemand muß doch schließlich wissen, wohin eingefangene Hunde gebracht werden."

„Ich weiß es jedenfalls nicht, kapiert?"

„Dann sagen Sie uns, wohin wir uns wenden sollen." Iskra gab nicht nach, obwohl Lena mit den Augen schon nach der Tür wies. „Sie haben kein Recht, den Bürgern eine Auskunft zu verweigern."

„Ihr seid mir die richtigen Bürger!"

„Jawohl, wir sind sowjetische Bürger mit allen Rechten außer dem Wahlrecht", sagte Iskra würdevoll und blickte die verstummten Freundinnen siegessicher an. „Und wir bitten Sie herzlich, einer alten Verdienten Künstlerin zu helfen."

„Unverschämte Göre!" entfuhr es dem Diensthabenden. „Dann geh in die Abteilung für städtische Angelegenheiten, vielleicht wissen die was, aber mich laß in Frieden. Kinder, Hunde, alte Weiber – ihr macht mich noch verrückt!"

„Danke", sagte Iskra höflich. „Aber verrückt werden Sie schon nicht, da hoffen Sie vergebens."

„Du hast es ihm aber gegeben!" Sina lachte begeistert, als sie die Miliz verließen.

„Eine Schande", seufzte Iskra. „Ich schäme mich schrecklich, daß ich mich so habe gehen lassen. Er war immerhin nicht mehr ganz jung. Ich habe mich wie ein Rowdy aufgeführt."

In der Abteilung für städtische Angelegenheiten saß hinter einer Barriere aus Eichenholz ein junger Milizionär, der augenblicklich alle Fragen klärte. Nicht umsonst war Iskra überzeugt, daß man sich auf die Jugend verlassen kann.

„Kolzowskaja siebzehn. Dorthin werden streunende Hunde gebracht."

„Es handelt sich nicht um einen streunenden Hund", sagte Lena.

„Wenn es kein streunender ist, bekommt ihr ihn wieder."

Sie liefen in die Kolzowskaja siebzehn, aber dort war bereits geschlossen. Ein verdrießlicher Wächter mit zerzaustem Haarschopf und in abgerissener Schafpelzjacke ließ sich auf nichts ein: „Verriegelt und verrammelt!"

„Aber wir können nicht ohne Hund ankommen, verstehen Sie, das ist ganz unmöglich", flehte Lena. „Es handelt sich um eine Verdiente Künstlerin, eine reizende alte Dame …"

„Verriegelt und verrammelt."

„Hören Sie", sagte Iskra fest. „Wir werden uns beschweren."

„Verriegelt und verrammelt", brummte der Wächter stupide.

„Und was kostet es aufzuschließen?" fragte Sinotschka plötzlich mit heller Stimme.

In den Augen des Wächters blitzte Interesse auf. Er lachte und drohte mit seinem knotigen Finger. „Du wirst's weit bringen, Mädchen!"

„Wehe, du bestichst ihn", zischte Iskra. „Das erniedrigt die menschliche Persönlichkeit."

„Einen Dreier!" grölte der Wächter aufgekratzt. „Wenn sie was haben wollen, kennen sie Sawka, wenn sie was spendieren sollen, sind sie verschwunden."

Die Mädchen schauten einander verwirrt an; sie besaßen kein Geld.

„Umsonst platzt nicht einmal ein Furunkel", brummte der Wächter.

„Artjom wohnt hier in der Nähe", fiel es Iskra ein. „Lauf, Sinaida! Auf Pump: morgen in der Klasse sammeln wir."

Die letzten Worte rief sie ihr schon hinterher, denn Sinotschka war auf der Stelle losgespurtet – nur die Beine waren noch zu sehen.

„Werden sie hier auch gefüttert?" fragte Lena.

„Wozu das?" wunderte sich der Wächter. „Sie fressen sich doch gegenseitig auf."

„Wie schrecklich", seufzte die künftige Schauspielerin. „Richtiger Kannibalismus."

Noch völlig außer Atem klopfte Sina an die Tür, aber die wurde nicht von Artjom, sondern von seiner Mutter geöffnet.

„Timka ist nicht da, er ist bei Shora Schularbeiten machen."

„Er ist nicht da?" fragte Sina fassungslos.

„Komm rein, Mädel", sagte Artjoms Mutter und musterte sie aufmerksam. „Erzähl, was passiert ist."

„Eine schreckliche Geschichte."

Überstürzt, aber mit allen Einzelheiten, erzählte Sinotschka, was geschehen war. Artjoms Mutter holte schweigend das Geld und gab es ihr, hielt sie aber noch zurück.

„Miron, komm doch mal her!"

Groß und ernst, kam Artjoms Vater in die Küche, und Sina wurde plötzlich angst und bange. Er blickte so finster drein und drückte ihr so fest die Hand.

„Erzähl noch einmal die Geschichte von dem Hund."

Sina erzählte noch einmal, allerdings kürzer, von Mentik und dem Wächter.

„Seine Schafpelzjacke ist ganz zerfetzt. Wahrscheinlich mögen ihn die Hunde nicht."

„Du wirst das Geld zum Fenster hinauswerfen, wenn du groß bist." Der Vater nahm die drei Rubel und gab sie der Mutter zurück. „Das ist zwar keine allzu schwere Sünde, aber dein Mann wird es nicht leicht haben. Ich gehe mit, dann wird dieser Saufsack die Mädchen in Ruhe lassen."

„Komm doch wieder mal vorbei, Sina", sagte die Mutter beim Abschied. „Vater und ich sehen es sehr gern, daß du mit Timka befreundet bist."

„Artjom ist ein guter Junge", sagte der Vater unterwegs. „Weißt du, warum? Weil er niemals einer Frau weh tun würde. Ich weiß nicht, ob er einmal glücklich sein wird, aber seine Frau wird es bestimmt. Ich behaupte das weder von Jakow noch von Matwej, aber von Artjom würde ich es sogar vor Gott wiederholen."

Sina schämte sich, daß sie nicht mit Artjom hatte ins Kino gehen wollen. Aber sie tröstete sich sogleich: schließlich war es nur ein einziges Mal, es sollte sich auch nie mehr wiederholen.

„Ich habe gehört, daß du die Mädchen beleidigst, Sawka?" rief Artjoms Vater schon von weitem in drohendem Baß. „Du verlangst eine Kontribution von ihnen, wie seinerzeit Petljura?“

„Wer ist denn das?“ fragte der Wächter und drehte sich um. „Verriegelt und verram ... Herrgott, das ist ja Miron Abramytsch! Guten Tag, Miron Abramytsch, wie steht's?“

„Mach das Tor auf und gib den Mädchen den Hund. Und erzähl mir nur keine Märchen. Ich kenne dich seit fünfzehn Jahren, und in diesen fünfzehn Jahren hast du dich nicht um einen Tag gebessert. Wischt euch die Tränen ab, Mädchen, und holt euch den Hund.“

Ohne Widerrede öffnete der Wächter das Türchen. Mentik wurde in all dem Bellen, Winseln und Knurren herausgefunden. Die Mädchen bedankten sich wortreich, dann liefen sie davon: Lena brachte Mentik zu der Verdienten Schauspielerin, Iskra und Sina gingen nach Hause. Keine von ihnen wußte, daß dies der letzte Tag ihrer Kindheit war, daß es von nun an andere Anlässe zum Weinen geben sollte, daß das Erwachsenenleben mit Gewalt hereinbrach und daß es in diesem Erwachsenenleben, von dem sie träumten wie von einem Feiertag, weit mehr Kummer geben sollte als Freude.

Doch vorläufig gab es genug Freuden, und ohne Voreingenommenheit konnte man sagen, daß die ganze Welt aus Freuden bestand – jedenfalls für Sinotschka.

Eben noch hatte sie eine Hauptrolle bei der Rettung des Hündchens gespielt und dadurch sogar Iskra ein wenig beschämt, und als sie nun nach Hause kam, war nur der Vater da, von dem sie mühelos herausbekam, daß er nicht vor ein Uhr nachts wiederkommen würde, weil man ihn plötzlich in den Betrieb bestellt hatte. Der Weg der Sünde war also frei, und Sinotschka ging zu ihrem ersten Rendezvous. Sie hätte es der ganzen Welt zurufen mögen, doch sie tat es lieber nicht, sondern vertraute das Geheimnis, das ihr die Brust zu sprengen drohte, nur der Nachbarskatze an, die in Rendezvous große Erfahrung hatte. Die Katze machte einen Buckel, schnurrte und wies mit dem Schwanz nach dem Dach. Sina meinte, sie zeige geradewegs in den Himmel, und nahm es als ein gutes Omen.

Sie kam vor der verabredeten Zeit, aber Jura war bereits da. Als sie ihn erspäht hatte, schlüpfte sie sogleich hinter eine Litfaßsäule und harrte dort noch ganze fünf Minuten aus, bis sie ihren Triumph voll ausgekostet hatte. Der neue Verehrer rührte sich nicht von der Stelle und drehte nur verzweifelt den Kopf nach allen Seiten.

„Da bin ich!“ sagte sie, als sei nichts gewesen.

Sie gingen ins Foyer, wo der Klassensprecher der 10a ihr Eis und eine Limo spendierte. Eigentlich mochte sie gar nicht trinken, aber sie trank treu und brav ihre Hälfte aus, schließlich handelte es sich ja nicht nur um süßes Wasser, sondern um ein Ritual, und sie kostete und genoß nicht die Süßigkeit, sondern die Aufmerksamkeit – wie eine richtige Frau. Sinotschka genoß sie, ohne dabei zu vergessen, sich nach allen Seiten umzusehen, denn sie hatte große Angst, Bekannte zu treffen. Aber es waren keine Bekannten da, das letzte Klingeln ertönte, und sie gingen in den Saal.

An den Film konnte sich Sina später kaum erinnern, obwohl er sicherlich interessant war. Sie schaute brav auf die Leinwand, spürte aber die ganze Zeit, daß neben ihr nicht die Mutter, nicht Iskra, auch nicht ein Junge aus ihrer Klasse saß, sondern ein junger Mann, der sich mehr für sie als für den Film interessierte. Das war außerordentlich erregend: aus dem Augenwinkel fing sie die Blicke ihres Nachbarn auf, sie hörte sein Flüstern, aber sie lächelte nur, ohne zu antworten, da sie nicht verstand, was er sagte und was sie antworten mußte. Zweimal faßte er bei den ergreifendsten Stellen nach ihrer Hand, und zweimal zog sie sie weg, allerdings nicht gleich und beim zweitenmal langsamer als beim erstenmal. Alles war geheimnisvoll und wunderbar, ihr Herz drohte stillzustehen, und Sinotschka schwelgte in Seligkeit.

Als sie auf der von Kastanien gesäumten Karl-Marx-Straße heimgingen, raschelten die großen, harten Blätter über ihren Köpfen. Die ganze Stadt und die ganze Welt schienen bereits zu schlafen, nur die Absätze des Mädchens zerrissen jung und klingend die schläfrige Stille. Jura erzählte etwas, Sina lachte und hatte im selben Augenblick völlig vergessen, worüber sie gelacht hatte. Es war nicht so wichtig, was er sagte, das Wichtigste sagte er erst später, oder vielmehr die Einleitung dazu: „Setzen wir uns ein bißchen? Oder hast du es eilig?“

Sina hatte schon ausgerechnet, wieviel Zeit sie noch hatte, und ein bißchen war ihrer Meinung nach noch übrig.

„Aber nicht hier.“

„Sondern?“

Sina wußte, wo: vor dem Haus von Vika Ljuberezkaja, inmitten von Büschen, stand eine Bank. Wenn etwas – na, irgend etwas – nicht ganz so liefe, könnte sie um Hilfe rufen, und Vika oder ihr Vater würden herauskommen. Sinotschka hatte es faustdick hinter den Ohren.

Sie fanden die Bank, und Sina wartete ungeduldig, wann er endlich sagen würde, was sie so gern hören wollte. Daß sie ihm sehr gefalle, daß sie schön sei, daß er schon lange ein Auge auf sie geworfen habe und daß sie überhaupt die Beste von der Welt sei. Statt dessen nahm er ihre Hände und begann sie zu quetschen. Ihre Handflächen wurden feucht, es wurde ihr unangenehm, aber sie ertrug es. Dazu kam noch der gräßliche Schmerz von den viel zu straffen Gummis an den Oberschenkeln, sie wollte die ins Fleisch schneidenden Gummibänder etwas nach unten schieben, aber in Juras Anwesenheit war das ausgeschlossen, und so ertrug sie auch das, weil sie wartete. Sie wartete, doch plötzlich …

Eine große schwarze Limousine hielt lautlos vor dem Hauseingang. Die jungen Leute fuhren auseinander, aber sie konnten ja nicht gesehen werden. Vier Milizionäre stiegen aus, drei gingen sofort ins Haus, der vierte blieb draußen. Jura rückte wieder langsam näher und begann erneut vorsichtig ihre Hände zu drücken. Doch Sina war unruhig und entzog sie ihm.

„Was hast du?“ brummte er beleidigt.

„Warte“, flüsterte Sina ärgerlich.

Schien es ihr nur so, oder hatte sie tatsächlich einen Aufschrei von Vika gehört? Sie lauschte gespannt, aber die Gummibänder schmerzten unerträglich, und dieser widerliche Dämlack keuchte ihr in die Ohren. Sinotschka rückte zur Seite, aber er sofort hinterher, und da war die Bank auch schon zu Ende, und weiter wegrücken ging nicht.

„So rutsch doch ein Stück!“ zischte sie böse. „Du schnaufst wie ein Nilpferd, deinetwegen kann ich nichts hören.“

„Der Kuckuck soll sie holen!“ sagte Jura und faßte wieder nach ihrer Hand.

„Still!“ Sinotschka entriß ihm die Hand.

Wieder vermeinte sie Schreie zu hören hinter den schweren Vorhängen, die weder einen Laut noch einen Lichtschimmer durchließen. Sina war aufs äußerste gespannt, sie lauschte mit allen Fasern. Ach, wenn statt Jurka doch Iskra hier wäre!

„Himmel“, flüsterte sie plötzlich, „warum dauert das so lange?“

Sie wußte selber nicht, wie ihr diese Worte entschlüpft waren. Sie hatte an nichts Derartiges gedacht (es sei denn an einen Raubüberfall und eine mögliche Vergewaltigung von Vika), aber ihre Intuition arbeitete mit teuflischer Sicherheit, denn sie war eine richtige Frau, die junge Sinotschka Kowalenko.

Die Haustür öffnete sich, und auf der Schwelle erschien Ljuberezki. Er war barhäuptig, hatte den Mantel über die Schultern geworfen und ging nicht wie gewohnt schnell und federnd, sondern schleppend, vornübergebeugt. Ihm auf dem Fuße folgte ein Milizionär, der zweite erschien etwas später, und gleich darauf kam im offenen Morgenmantel Vika herausgelaufen.

„Papa! Papotschka!“

Sie schrie es die ganze verschlafene, kastaniengesäumte Straße entlang, und in ihrem Schrei war die Angst eines Erwachsenen, die Sina erstarren ließ.

„Besorg dir Zeugen!“ rief ihr der Milizionär zu, der Ljuberezki flankierte. „Vergiß es nicht!“

„Papa!“ Vika wollte zu ihm stürzen, aber der Milizionär hielt sie zurück. „Das ist nicht wahr! Laßt mich durch!“

„Telegrafier der Tante, Vika!“ Ljuberezki drehte sich nicht um. „Oder fahr lieber hin. Laß alles stehen und liegen und fahr zu ihr.“

„Papa!“ Schluchzend suchte Vika sich der fremden Arme zu erwehren. „Papotschka!“

„Ich habe keinerlei Schuld, mein Kind!“ rief Ljuberezki. Man stieß ihn in den Wagen, doch er rief: „Ich habe keinerlei Schuld, es handelt sich um einen Irrtum! Ich bin ein ehrlicher Mensch!"

Die letzten Worte kamen aus dem Wageninnern und klangen gedämpft. Die Türen klappten laut, und das Auto fuhr ab. Der zurückgebliebene Milizionär drängte Vika ins Haus und schloß die Tür.

Alles war vorüber. Wieder wurde es still und leer, und nur die großen, harten Kastanienblätter raschelten blechern. Die beiden saßen auf ihrer versteckten Bank und sahen einander verstört an. Dann sprang Sina auf und rannte los. Sie flog durch die leeren Straßen, aber ihr Herz hämmerte nicht vom schnellen Lauf. Es hatte zu hämmern begonnen, als sie Ljuberezki erblickte, und wie Vika hätte auch sie am liebsten gerufen: Das ist nicht wahr, das ist nicht wahr!

Sie trommelte an die Tür, ohne daran zu denken, daß sie die Nachbarn wecken könnte. Iskras Mutter öffnete. Offensichtlich war sie gerade erst heimgekommen.

„Iskra schläft."

„Lassen Sie mich rein!" Sina schlüpfte unter ihrem Arm hindurch und stürzte ins Zimmer. „Iskra!"

„Sina, du?" Iskra setzte sich auf, zog die Bettdecke bis ans Kinn und starrte sie erschrocken an. „Was ist passiert, Sina?"

„Die Miliz hat Vika Ljuberezkajas Vater verhaftet. Gerade eben, ich hab's selber gesehen."

Hinter ihnen ertönte Lachen. Ein schauerliches, klangloses Lachen, das geradewegs aus der Kehle kam. Sina drehte sich fast entsetzt um: am Schrank stand Iskras Mutter.

„Mama, was hast du?" fragte Iskra leise.

Doch die hatte sich bereits in der Hand. Sie machte schwankend ein paar Schritte, ließ sich schwer aufs Bett fallen und preßte die beiden Mädchenköpfe an ihre Brust – den dunkelblonden und den hellblonden. Sie preßte sie so sehr, daß es weh tat.

„Ich glaube an die Gerechtigkeit, Mädchen."

„Ja, gewiß", seufzte Iskra. „Ich auch. Man wird alles klären und ihn freilassen. Nicht wahr, Sina?"

„Ich möchte am liebsten weinen und kann es nicht",

gestand Sina mit kläglichem Lächeln. „Zu gern möchte ich weinen und kann es nicht."

„Schlaf", sagte Iskras Mutter und stand auf. „Leg dich zu Iskra, Sina, aber schwatzt nicht bis früh. Ich geh zu deinen Eltern und erkläre ihnen alles, mach dir keine Sorgen."

Sie ging. Die beiden Mädchen lagen schweigend nebeneinander. Sinotschka starrte mit trockenen Augen an die dunkle Zimmerdecke, und Iskra fürchtete, laut loszuschluchzen, und wischte sich nur verstohlen die Tränen ab. Die aber flossen und flossen, und sie konnte nicht begreifen, warum sie von ganz alleine flossen. In Tränen aufgelöst schlief sie ein.

Ihre Eltern aber saßen zusammen und ließen den längst kalt gewordenen Tee in den Tassen unberührt. Die Küche wurde immer verqualmter, im Aschbecher türmten sich die Kippen, aber Sinas Mutter, die sonst erbarmungslos gegen das Rauchen zu Felde zog, blieb heute stumm.

„Die Kinder können einem leid tun", seufzte sie.

„Die Kinder werden bei uns diszipliniert und vernünftig erzogen." Iskras Mutter bekam plötzlich ein Zukken in der Wange, und sie zog heftig an der Zigarette, um dieses verräterische Zittern zu verbergen.

„Ich kenne Ljuberezki nicht", sagte Kowalenko unsicher, „aber wo liegt da der Sinn, frage ich Sie. Ein angesehener Genosse und dekorierter Held des Bürgerkrieges. Gewiß, die Leitung des Handels, vielleicht sind ihm da Fehler unterlaufen, vielleicht hat er jemandem vertraut. Er liebt die Tochter über alles, seine einzige, Sina hat uns davon erzählt."

Mit keinem Wort deutete er an, daß er an der Rechtmäßigkeit der Verhaftung zweifle, aber sein ganzes Wesen rebellierte und lehnte sich dagegen auf, und verbergen konnte er das nicht. Iskras Mutter schaute ihn durchdringend an: „Ich kann mich noch gut entsinnen, wie sich Ljuberezki sträubte, den Handel zu übernehmen – drei Tage brauchte man, um ihn zu überzeugen. Man redete ihm ins Gewissen und hielt ihm vor: Die Partei, lieber Genosse, verlangt die Stabilisierung unseres sowjetischen Handels durch bewährte Kader. Du hast die Handelsschule absolviert! Wer, wenn nicht du, ist dazu prädestiniert? Nur mit Mühe hat man ihn überredet."

„Ihn überredet", wiederholte Kowalenko leise. „So ist das eben. Unterlaufen Ihnen niemals Fehler?"

„Ich habe sofort einen Genossen angerufen, der sagte, die Miliz hätte einen Hinweis auf eine riesige Unterschlagung bekommen. Heute früh werde ich noch einmal nachfragen. Ljuberezki ist der oberste Chef, also ist er für alles verantwortlich. Für alle Hinweise."

„Daran gibt es keinen Zweifel, ja, gewiß ..."

Wieder lag eine bleierne, drückende Stille im Raum.

„Was wird mit dem Mädchen?" seufzte Sinas Mutter. „Bis es geklärt ist ... Eine Mutter hat sie nicht, das arme, arme Ding."

Andrej Iwanowitsch ging in der Küche auf und ab und schaute abwechselnd seine Frau und die finster vor sich hin qualmende Besucherin an. Er setzte sich auf den Stuhlrand.

„Allein kann sie doch nicht bleiben, was, Olja?" Ohne eine Antwort abzuwarten, wandte er sich zu Iskras Mutter um. „Wir wissen natürlich nicht, wie man dort in solchen Fällen verfährt, also sagen Sie, wenn ich unrecht habe. Entschuldigen Sie, wie ist Ihr Vor- und Vatersname?"

„Nennen Sie mich Genossin Poljakowa. Was das Mädchen betrifft, so dachte ich daran, sie zu mir zu nehmen, aber habe ich denn eine Familie? Nicht einmal um die eigene Tochter ..." Sie brach brüsk ab und zündete die qualmende Zigarette erneut an. „Nehmen Sie das Mädchen. Bei Ihnen herrscht ein normales und gutes Familienleben."

Sie stand auf, schob den Stuhl geräuschvoll beiseite, als könne der Lärm ihre letzten Worte übertönen, ihre Schwäche, die plötzlich aus ihr hervorgebrochen war. Sie ging zur Tür und rückte dabei das breite Koppel zurecht. Kowalenko sprang auf, aber sie blieb stehen, schaute Sinas Mutter an und lachte gezwungen.

„Manchmal denke ich: Wann breche ich wohl zusammen? Dann wieder: Ich bin es ja schon."

Sie ging.

Die Mädchen schliefen, hatten aber offensichtlich Angstträume, sogar Sinotschka hatte die Brauen ängstlich zusammengezogen. Iskras Mutter beugte sich lange über die beiden und fuhr sich nervös über die hageren Wangen. Dann zupfte sie die Bettdecke zurecht, ging in ihren Winkel, setzte sich an den Tisch und steckte sich eine Zigarette an.

Blauer Rauch wälzte sich durchs Zimmer, in die Fenster drang der trübe Herbstmorgen, als Iskras Mutter, die man in der Stadt nur als Genossin Poljakowa kannte, die letzte Zigarette ausdrückte, die Luftklappe öffnete, einen Bogen Papier nahm und mit energischer, schwungvoller Schrift in die rechte obere Ecke schrieb:

„An das Zentralkomitee der Kommunistischen Partei der Sowjetunion (Bolschewiki)."

Sie schrieb schnell, weil sie den Brief bis zum letzten Wort bereits fertig im Kopf hatte. Die Sätze reihten sich ohne eine einzige Korrektur aneinander, flüssig und präzise, und als das Blatt vollgeschrieben war, brauchte sie nur die Unterschrift darunter zu setzen. Doch sie legte den Stift beiseite, las das Ganze noch einmal aufmerksam durch, holte tief Atem, unterschrieb und fügte die Nummer des Parteibuchs und das Eintrittsdatum hinzu: 1917.

Sechstes Kapitel

An diesem Morgen verlief das Frühstück bei den Kowalenkos zum erstenmal seit vielen Jahren unter völligem Schweigen. Und das nicht nur, weil Sinotschka nicht an ihrem gewohnten Platz saß.

„Ich werde mir zwei Stunden freigeben lassen", sagte Andrej Iwanowitsch.

„Tu das", pflichtete ihm seine Frau augenblicklich bei.

Punkt zwölf betrat Kowalenko das Arbeitszimmer des Schuldirektors Nikolai Grigorjewitsch. Er blieb wie angewurzelt auf der Schwelle stehen, denn neben dem Direktor saß Iskra Poljakowas Mutter.

„Ein Triumvirat", sagte sie auflachend. „Rauchen wir eine Zigarette, stoßen wir einen Seufzer aus und gehen wir wieder auseinander."

„Was für ein Unsinn!" schnaufte der Direktor. „Das ist Unfug, blanker Unsinn!"

„Vielleicht." Die Poljakowa nickte kurz, wie Iskra. „Wenn es sich um Unfug handelt, wird man es revidieren."

„Bis es aber revidiert ist, was wird mit dem Mädchen, soll es allein bleiben?" fragte Kowalenko leise, an den Direktor gewandt. „Vielleicht sollte man an die Verwandten schreiben, und wir nehmen sie solange zu uns? Gibt es hierüber Anweisungen?"

„Was denn für Anweisungen? Schließlich ist sie ein erwachsener Mensch, mit eigenem Ausweis. Machen Sie ihr den Vorschlag, obwohl ich bezweifle, daß sie es tut." Der Direktor wiegte den Kopf. „Den Verwandten muß man natürlich schreiben, aber nicht darum geht es, nicht darum!"

„Aber wo das Mädchen doch allein ist ..."

„Nicht darum geht es, sage ich", unterbrach ihn Romachin brüsk. „Wir alle drei sind Kommunisten, hab ich recht? Eine Kleinstzelle sozusagen. Ich stelle Ihnen also die Gewissensfrage: Glauben Sie Ljuberezki? Sie persönlich?"

„Im Prinzip kenne ich diesen Genossen natürlich nicht", begann Kowalenko gequält. „Aber ich glaube, es handelt sich um einen Fehler. Einen Fehler, schon weil er seine Tochter dazu viel zu sehr liebt. Viel zu sehr."

„Ich bin überzeugt, daß man dort irgendwelche Abrechnungen durcheinandergebracht hat. Ich bin selbst Direktor und weiß, daß man seine Unterschrift manchmal unter ein Papier setzt, ohne es richtig gelesen zu haben. Und bei Ljuberezki, glaube ich, hat sich ein Genosse einfach geirrt. Genossin Poljakowa ist der gleichen Meinung. Da wir, drei Bolschewiki, dieser Ansicht sind, so ist es unsere Pflicht, die Partei davon in Kenntnis zu setzen. Habe ich recht, Genossin Poljakowa?"

Iskras Mutter schwieg. Sie klopfte mit der Zigarette auf die Schachtel und sagte schließlich: „Ich bitte, vorläufig nirgendwohin zu schreiben."

„Und warum nicht?" Nikolai Grigorjewitsch runzelte die Stirn.

„Außer der Pflicht gibt es ein Recht. Das Recht, über Ljuberezki zu schreiben, habe nur ich. Ich kenne ihn aus dem Bürgerkrieg und von der gemeinsamen Arbeit hier in der Stadt. Das sind Argumente, keine Emotionen. Darauf aber kommt es an: die Miliz braucht Argumente. Es läuft die Voruntersuchung, wie man mir erklärt hat, und in diesem Stadium genügt es erst einmal, daß ich für ihn bürge. Deshalb bitte keine Eigeninitiative. Sollte es nötig sein, schreiben wir alle drei. Und noch eins – zu keinem ein Wort über unser Gespräch. Das geht niemanden etwas an."

Iskra fand ebenfalls, daß *das* niemanden etwas anginge. Am Morgen ordnete sie an: „Zu keinem ein Wort. Sieh dich vor, Sinaida."

„Du hältst mich wohl für völlig verblödet."

Vika kam nicht zur Schule, sonst war alles wie immer. Artjom quälte sich an der Tafel herum, Shorka Landys unterhielt sich flüsternd mit der ganzen Klasse, der schweigsame Klassenprimus Wowik Chramow las in den Pausen ein weiteres zerfleddertes Buch. Gegen Mittag tauchte das Gerücht auf: Vika Ljuberezkajas Vater ist von der Miliz verhaftet worden.

Iskra erfuhr es durch einen Zettel von Landys. Unter diesem Satz stand ein großes Fragezeichen und Artjoms Meinung dazu: „Dummes Geschwätz!" Iskra zeigte den Zettel Lena (sie saßen auf einer Bank). Lena stöhnte auf.

„Was sind das für Seufzer?" fragte Valentina Andronowna drohend. „Poljakowa, hör auf, mit der Bokowa zu flüstern, ich sehe und höre alles."

„Offensichtlich doch nicht alles!" antwortete Iskra unerwartet schroff.

Das war neu: sie hatte sich niemals erlaubt, frech zu werden, auch in schwierigen Situationen nicht. Und heute – eine beiläufige Bemerkung, und es ging mit ihr durch.

„Aus Iskra, dem Funken, ist die Flamme geschlagen!" flüsterte Ostaptschuk so, daß es alle hörten.

Lena warf ihm einen Blick zu, der ihn augenblicklich

verstummen ließ. Iskra ließ den Kopf hängen. Valentina Andronowna schätzte die Situation ein.

„Setzen wir den Unterricht fort", sagte sie ruhig. „Landys, du drehst dich dauernd hin und her, du scheinst viel zu wissen. Du wirst die Güte haben und ..."

Iskra sprang plötzlich auf und klappte den Pultdeckel hoch.

„Valentina Andronowna, erlauben Sie, daß ich hinausgehe."

„Was hast du? Ist dir nicht gut?"

„Ja. Mir ist schlecht. Sehr schlecht."

Ohne die Erlaubnis abzuwarten, lief sie aus der Klasse. Alle schwiegen. Artjom stand auf.

„Setz dich, Schäfer. Du kannst die Poljakowa doch nicht dorthin begleiten, wohin sie gelaufen ist."

Der Scherz blieb in der Luft hängen – die Klasse schwieg. Artjom setzte sich und ließ den Kopf tief sinken. Da stand die Bokowa auf.

„Aber ich kann sie begleiten."

„Was geht hier vor?" fragte Valentina Andronowna mit erhobener Stimme. „Nein, jetzt werdet ihr mir erst erklären, was hier los ist – eine Verschwörung?"

„Meiner Freundin ist schlecht", sagte Lena laut. „Erlauben Sie, daß ich zu ihr gehe, sonst gehe ich ohne Ihre Erlaubnis."

Valentina Andronowna schaute verwirrt in die Gesichter der Schüler. Alle blickten sie an, aber nicht neugierig, als warteten sie, was sie tun würde, sondern als wollten sie vor einer Ablehnung warnen, denn dann würde die ganze Klasse einfach aufstehen und hinausgehen, bis auf Wowik Chramow vielleicht.

„Also geh schon", sagte sie und konnte ihren Ärger kaum unterdrücken. „Alle sind so schrecklich unruhig. Dabei ist es noch früh am Tage."

Lena ging hinaus. Weder sie noch Iskra kamen vor Schluß der Stunde zurück. Doch kaum ertönte das Klingelzeichen, kam die Bokowa in die Klasse gestürzt.

„Sergunowa, Vera, stell dich vor die Mädchentoilette und laß keinen rein. Kowalenko, mitkommen!"

Ohne etwas zu begreifen, folgte Sinotschka der Freundin in die Mädchentoilette, die bereits von dem größten und forschesten Mädchen der 9 b bewacht wurde. Am Fenster stand Iskra.

„Lies. Laut. Lena weiß Bescheid."

„Was ist das für ein Zettel?"

Die Freundinnen blickten drohend, und Sina verstummte. Sie nahm den Zettel und las, wie ihr befohlen, laut: „Es heißt, die Miliz hat heute nacht Vikas Vater verhaftet ..." Sie stockte und hob die Augen. „Ich war es nicht."

„Sondern?"

„Ich jedenfalls nicht!" rief Sina verzweifelt. „Komsomolehrenwort! Ich nicht! Ich war's nicht!"

„Wer dann?" Iskra ließ nicht locker. „Wenn nicht du, wer dann?"

Sinotschka schwieg.

„Ich schlage sie windelweich!" schrie Lena. „Sie ist ein Verräter, ein Judas, ein verfluchter!"

„Augenblick." Iskra ließ kein Auge von Sina. „Ich frage dich, Kowalenko, wer außer dir konnte quatschen? Du schweigst?"

„Ich werd's ihr zeigen!" Lena schüttelte die drohend geballte Faust.

„Nein, schlagen werden wir sie nicht", sagte Iskra ernst. „Wir sagen allen, der ganzen Schule, was sie für eine ist. Sie ist keine Frau, sie ist ein – Neutrum, das sagen wir. Wir erklären ihr den vollständigen Boykott, damit sie sich vor Kummer umbringt."

Von Zeit zu Zeit versuchte jemand, die Tür zur Mädchentoilette gewaltsam zu öffnen, doch die stämmige Vera hielt dem Ansturm vorläufig noch stand.

„Laß sie rein", sagte Iskra. „Das sind die Mädchen aus der dritten Klasse, die machen sich sonst noch die Hosen naß."

„Wartet!" sagte Sina mit verzweifelter Entschlossenheit. „Ich weiß, wer gequatscht hat: Jurka aus der 10 a. Ich war nicht allein bei Vikas Haus."

Die Mädchen warfen sich ungläubige Blicke zu, dann fixierten sie Sina durchdringend. Sina schaute ihnen fest in die Augen, dann kniete sie nieder.

„Möge Gott mir niemals Kinder schenken, wenn ich jetzt lüge."

„Steh auf", sagte Iskra. „Ich glaube dir. Lena, Artjom soll kommen."

„Aber doch nicht hierher."

„Ach so. Dann erkundige dich, wieviel Stunden Jurka heute hat. Gehn wir, Sina. Entschuldige, und hör auf zu flennen."

„Ich flenne nicht", seufzte Sina. „Ich habe doch gesagt, daß ich nicht mehr weinen kann."

Artjom sollte alles erfahren, darauf bestand Iskra. Sina beichtete, ohne die Augen zu heben. Um sie herum standen die Eingeweihten: Lena, Iskra, Shorka und Paschka Ostaptschuk.

„So", sagte Artjom, als sie fertig war. „Jetzt ist alles klar."

„Brauchen wir Verstärkung?" fragte Paschka.

„Mach ich allein", unterbrach ihn Artjom. „Shorka ist mein Zeuge."

„Nicht Zeuge, sondern Sekundant", korrigierte Iskra wie gewohnt.

„Wo soll es stattfinden?" erkundigte sich der Sekundant geschäftig.

„Im Heizungskeller. Man muß Michejitsch fortlokken."

Michejitsch war der Heizer und Tischler der Schule, er mochte keine Prügeleien. Vor allem aber mochte er die 9 b nicht, weil Saschka Stameskin einst der 9 b angehörte, und damals fehlten immer Kohlen, und Michejitsch wurde dafür gescholten.

„Wir warten auf euch", sagte Iskra. „Auf der kleinen Brücke."

Dieses Gespräch fand in der letzten Pause statt; nach der sechsten Stunde paßte Artjom an der Tür der 10 a Jurka ab.

„Ich hab mit dir zu sprechen."

„Worüber denn, Kleiner?"

Die Schüler der Zehnten waren die Elite der Schule und schlugen selbst gegenüber den neunten Klassen einen spöttisch-herablassenden Ton an. Es war ein wohlwollender Spott, aber Artjom verzog keine Miene.

„Gehn wir. Kannst Serjosha mitnehmen."

„Sergej!" rief Jurka ins Klassenzimmer. „Die aus der Neunten möchten uns sprechen."

Auf dem Flur wartete Landys, und zu viert gingen sie zum Heizungskeller. Shorka lief vor und schaute hinein.

„Paschka hat alles erledigt."

Sie betraten den halbdunklen, von Kohlenstaub getränkten Heizungskeller. Shorka schloß die Tür und schob den Riegel vor. Die beiden Jungs aus der Zehnten warfen einander besorgte Blicke zu.

„Tja also, ich schlag dich kurz und klein", verkündete Artjom und zog das Jackett aus.

„Du Säugling?" Jurka lachte nervös. „Ich mache Kleinholz aus dir."

„Worum geht es denn eigentlich?" fragte Sergej. „Einfach nur so?"

„Er weiß schon warum", sagte Artjom. „Du siehst ja, er fragt gar nicht erst. Ich kann dir nur sagen: einen Freund hast du – ein Dreckskerl und Lump ist das."

Jurka war kräftiger und größer als Artjom, und sicherlich auch stärker, aber im Prügeln hatte er wenig Übung. Artjom dafür um so mehr, war er doch mit zwei Raufbolden von Brüdern aufgewachsen, und so vermochte er für sich einzustehen und fürchtete sich vor nichts. Weder vor Schmerz noch vor Blut oder vor einem Schlag. Er war flink und behend, und seine muskulöse Faust leistete schnelle und präzise Arbeit. Außerdem traf seine Faust jetzt den Rivalen, obwohl sich Artjom dessen noch nicht einmal richtig bewußt geworden war.

„Ist das sein Ernst?" fragte Sergej unruhig.

„Laß ihn, Sergej." Landys hielt ihn lächelnd am Jackett fest. „Unsere Aufgabe ist es, darauf zu achten, daß alles den Regeln entspricht, daß keine Ziegelsteine und Knüppel benutzt werden. Wenn du dich einmischst, schlag ich dir die Zähne aus."

„Aber die schlagen sich doch wohl höchstens bis zum ersten Blutstropfen."

„Davon war nicht die Rede. Vielleicht heute bis zum letzten."

Während im Heizungskeller das Duell stattfand, schleppten Lena und Paschka Michejitsch durch die unteren Klassen und versuchten ihm weiszumachen, daß es durch die Fenster ziehe und die Kinder sich erkälten könnten. Michejitsch befühlte die Rahmen mit seinen Gichtfingern, hielt seine unrasierte Wange dagegen und schwor bei Gott, daß nicht das geringste Lüftchen zu spüren sei. Lena behauptete das Gegenteil, Michejitsch widersprach, und Paschka schaute auf die Uhr – von der ganzen Klasse besaßen nur er und Vika eine – und überlegte, wie man Michejitsch noch hinhalten könnte, wenn die Sache mit der Zugluft erschöpft wäre. Bei dieser Beschäftigung ertappte sie Nikolai Grigorjewitsch. Offensichtlich waren sie recht laut gewesen, und er kam gerade vorbei.

„Was macht ihr denn da?"

„Sie behaupten, es zieht, aber ich sage ..."

„Stimmt", sagte der Direktor und schloß die Tür.

„Man muß alles überprüfen", sagte Paschka. „Alle Fenster auf allen Etagen. Haben Sie gehört, was Nikolai Grigorjewitsch gesagt hat?"

Sie gingen durch alle Stockwerke, obwohl Michejitsch Gott zum Zeugen anrief, daß der Direktor nichts dergleichen gesagt hätte. Die Gesundheitskommission – und als solche gaben sie sich aus – war hartnäckig und unnachgiebig.

„Es zieht."

„Es zieht nicht."

„Doch, es zieht."

„Nein, es zieht nicht."

„Es reicht", flüsterte Paschka. „Inzwischen hätte man die halbe Schule verprügeln können. Ich sondiere die Lage, und du seil dich ab. Wir treffen uns an der kleinen Brücke."

Lena tat, wie ihr geheißen, und ließ den völlig verdutzten Michejitsch unvermittelt im leeren Klassenzimmer stehen. Paschka erwartete sie unten, sagte, daß niemand mehr im Heizungskeller sei, und gemeinsam trabten sie zur kleinen Brücke. Dort waren schon alle versammelt. Iskra legte ein feuchtes Tuch auf Artjoms blutunterlaufenes Auge, und Shorka gab den Rat: „Am besten, man hält Schlittschuhe dagegen, die ziehen die Hitze heraus."

Sina stand daneben, sah zur Seite, aber sie beneidete Iskra wegen des Tuches und konnte das nicht verbergen.

„Wie war's?" interessierte sich Paschka.

„Klassischer Kampf!" sagte Landys strahlend. „Er hat ihn voll genommen, wie Joe Louis. Wie er so einen Haken bei ihm landet, denke ich, jetzt ist's aus. Jetzt, denke ich, kannst du ihn abschreiben, Shorka."

„Genug der Details", unterbrach ihn Iskra schroff. „Alle da? Dann los!"

„Wohin?" wunderte sich Paschka.

„Wohin? Zu Vika natürlich."

Alle schauten sich verlegen an. Lena fragte vorsichtig: „Vielleicht ist das nicht nötig."

„Freundschaft bedeutet also für euch – geteilte Freude. Aber wenn es darum geht, den Schmerz zu teilen – dann wollt ihr euch drücken?"

„Lenka hat das nur so dahingesagt", erwiderte Artjom finster.

Sie gingen schweigend, wie zur Beerdigung. Nur einmal sagte Paschka zu Artjom: „Deine Visage sieht aber aus!"

„Morgen wird es noch schlimmer sein", antwortete Artjom matt.

Sie gingen bis zu dem Haus und machten halt, dann traten sie sich stundenlang die Füße ab. Iskra klingelte, aber nichts rührte sich.

„Vielleicht ist sie nicht zu Hause?" flüsterte Lena.

Iskra stieß die Tür auf: sie war nicht verschlossen. Sie drehte sich zu den anderen um, dann betrat sie als erste die lautlose Wohnung. Im dunklen Flur drängten sie sich; Iskra ertastete den Schalter und machte Licht. Auf der Schwelle ihres Zimmers stand Vika.

„Warum seid ihr gekommen?" fragte sie finster. „Ich habe euch nicht darum gebeten."

„Du hast uns nicht darum gebeten, aber wir sind gekommen", erklärte Artjom. „Und es war richtig, tja also. Du wirst es, tja also ... später selber sagen."

„Dann kommt rein", sagte Vika tonlos und verstummte.

Sie trat zur Seite, die Mädchen und Jungen blieben auf der Schwelle stehen: das Zimmer war unaufgeräumt, der Schrank sperrangelweit offen; Wäsche lag auf dem Fußboden herum, als habe man sie voll Ungeduld und Verdruß dorthin geworfen.

„Fährst du weg?“ wunderte sich Sina.

„Polja“, erklärte Vika kurz. „Setzt euch, wenn ihr schon da seid.“

Aber sie setzten sich nicht. Sie standen an der Tür, und jeder fühlte sich irgendwie schuldig.

„Sieht es in allen Zimmern so aus?“ fragte Iskra leise.

„Sie hat etwas gesucht. Ihr Sparbuch vielleicht.“

Erneut Schweigen.

„Wo ist sie jetzt?“ fragte Iskra.

„Aufs Dorf gefahren. Für immer.“

„Soso.“ Iskra schüttelte wütend den Kopf, daß die Zöpfe hüpften. „An die Arbeit, Leute. Alles aufheben und wegräumen. Die Mädchen die Wäsche, die Jungs die Bücher. Alle zusammen, schnell und ordentlich!“

„Nicht nötig“, seufzte Vika. „Überhaupt nichts ist nötig.“

„Doch, es ist nötig. Alles muß sein, wie es bisher war. Und – wie es wieder sein wird.“

Alle waren froh, weil es eine reale Beschäftigung und eine reale Hilfe war. Die Jungs nahmen sich das Wohnzimmer vor, die Mädchen Vikas Zimmer und die Schlafstube des Vaters. Bald waren sie alle wieder guter Dinge und lächelten sogar; im Wohnzimmer stritten sich Shorka und Paschka hitzig, und Artjom wies sie zurecht. Sogar Vika setzte sich neben Iskra und begann die Wäsche zusammenzulegen.

„Hast du deiner Tante geschrieben?“

„Habe ich, aber sie wird mir kaum helfen. Nur weinen und Tropfen schlucken.“

„Wie willst du allein zurechtkommen?“

„Es wird schon gehen.“ Vika schwieg. „Andrej Iwanowitsch war da, Sinas Vater. Er wollte, daß ich zu ihnen komme. Vorläufig jedenfalls.“

„Das ist doch großartig, das ...“

„Großartig?“ Vika lächelte traurig. „Von hier weggehen bedeutet, daß ich glaube, Papa wäre tatsächlich ein Dieb. Aber er hat keinerlei Schuld, er kommt zurück, ohne jeden Zweifel, und ich muß auf ihn warten.“

„Entschuldige“, sagte Iskra. „Du hast absolut recht.“

Vika schwieg. Dann fragte sie, ohne aufzusehen: „Warum seid ihr bloß gekommen?“

„Wir sind gekommen, weil wir Leonid Sergejewitsch kennen und ... und ebenfalls überzeugt sind, daß es sich um einen Fehler handelt. Um einen grauenvollen Fehler, Vika, du wirst sehen.“

Vika faßte nach Iskras Hand in dem Wäschehaufen, drückte sie fest und ließ sie lange nicht los. Dann lächelte sie; ihre Lippen zitterten, und über die Wange kullerte eine Träne.

„Natürlich handelt es sich um einen Fehler, ich weiß. Er hat es mir selber beim Abschied gesagt. Weißt du was? Ich setze Teewasser auf, ja? Es sind noch einige von Papas geliebten Törtchen da.“

„Hast du zu Mittag gegessen?“

„Ich trinke doch jetzt Tee.“

„Nein, daraus wird nichts. Sina, marsch in die Küche! Sieh nach, was da ist. Vika hat heute noch keinen Happen gegessen.“

„Ich bin eine ausgezeichnete Köchin!“ rief Sina erfreut.

Dann tranken sie Tee, und Vika aß besonders gutes Rührei aus der größten Pfanne. Hinter den verglasten Schranktüren funkelte unverändert das Kristall, alles stand an seinem alten Platz, und die jungen Leute waren müde, aber glücklich über die getane Arbeit. Als Vika fragte, warum Artjom so ein verschwollenes Gesicht habe, sagte er, er sei die Treppe runtergestürzt; alle begannen schrecklich loszuprusten, und Vika lachte ebenfalls.

„Großartig, ganz großartig!“ rief Sina. „Alles wird gut, ihr werdet sehen. Ich habe das sichere Gefühl, daß alles wieder gut wird.“

In Wirklichkeit hatte sie das sichere Gefühl, daß alles schlecht würde, aber sie log, was das Zeug hielt. Iskra wußte das, auch Lena und Vika selbst, nur die Jungs glaubten mit der allen Männern eigenen Angst vor bösen Ahnungen, daß ihre kleinen und klugen Freundinnen mit ihrem weiblichen Instinkt jetzt die Wahrheit sagten.

„Morgen kommst du zur Schule“, sagte Iskra, als sie sich verabschiedeten.

„Gut“, stimmte Vika gehorsam zu.

„Möchtest du, daß ich dich abhole?“ schlug Lena vor. „Ich komm sowieso vorbei.“

„Danke.“

„Mach keinem auf.“ Iskra wollte Vika einen Kuß geben, aber sie überwand diese Anwandlung von Schwäche und drückte ihr männlich-kräftig die Hand.

An der Ecke erwartete sie Saschka Stameskin. Er hatte nur eine leichte Jacke übergezogen, war durchgefroren und böse.

„Wo warst du denn?“

„Bei Vika Ljuberezkaja.“

„Also weißt du ...“ Saschka schüttelte den Kopf. „Ich wußte, daß du nicht ganz normal bist, aber das setzt allem die Krone auf ...“

„Was brummst du da?“

„Daß dieser Ljuberezki ein – Betrüger ist! Eine Million hat er unterschlagen. Eine Million, kannst du dir das vorstellen?“

„Saschka, du lügst doch! Hör zu ...“

„Ich weiß es hundertprozentig, kapiert? Und er hat mir die Arbeitsstelle verschafft, in einem Geheimbetrieb. Durch persönliche Vermittlung. Höchstpersönliche! Ich warte hier, eigens um dich zu warnen.“

„Wovor?“ fragte Iskra streng und hob die ernst gewordenen, fast traurigen Augen. „Wovor wolltest du mich warnen?“

„Eben davor.“ Saschka wurde verlegen – noch nie hatte er bei Iskra solche Augen gesehen, genau wie bei einer Erwachsenen.

„Davor? Danke. Was hat denn Vika unterschlagen? Was für eine Million?“

„Vika? Was hat Vika damit zu tun?“

„Eben, überhaupt nichts. Und Vika ist meine Freundin. Du willst, daß ich sie verrate? Selbst wenn das, was du gesagt hast, wahr sein sollte, selbst wenn das Schreckliche wahr ist, trifft Vika keinerlei Schuld. Verstehst du, keinerlei! Und du ...“

„Was ich?“

„Nichts. Vielleicht schien es mir nur so. Geh nach Hause, Saschka."

„Iskra ..."

„Ich habe gesagt, du sollst gehen. Ich will allein sein. Auf Wiedersehen."

Mit dem Verstand begriff Iskra, daß alles seine Richtigkeit hatte, aber eben nur mit dem Verstand. Das Herz jedoch war ihr schwer, sie war verwirrt und beunruhigt, und wenn sie den Verstand ausschaltete, stieg aus dem tiefsten Innern die hilflose Frage auf: Wie war das nur möglich? Sie dachte an das behagliche Heim, wo der Hausherr den Tee servierte, sie dachte an ihn, seine Gespräche, die ungewohnten Ansichten, seine grauen Schläfen und seine Orden. Die Orden, die damals eine solche Seltenheit waren, daß man jeden Dekorierten vom Sehen kannte. Und obwohl ihr disziplinierter Verstand alles begriff, Iskra begriff überhaupt nichts.

Am nächsten Morgen kam Vika mit Lena zusammen zur Schule, und die Klasse verhielt sich zu ihr wie immer. Vielleicht ein bißchen aufmerksamer, ein bißchen lebhafter, aber das schien natürlich, und sie war der Klasse dankbar. Dankbar hätte sie Iskra sein müssen, denn diese war als erste in die Schule gelaufen, hatte die Mitschüler versammelt und, ehe Vika da war, verkündet: „Alles muß sein wie immer. Kapiert? Wowik, hast du verstanden? Gleich kommt Vika, daß mir ja alles so ist wie immer. Genau wie immer."

Das „wie immer" dauerte drei Tage. Am vierten, gegen Ende des Unterrichts, wurde Vika zum Direktor gerufen. Sie blieb eine halbe Stunde, dann erschien sie ruhig, aber sehr bleich.

„Semjon Isaakowitsch, Nikolai Grigorjewitsch möchte Iskra Poljakowa und Artjom Schäfer sofort sprechen."

„Aber bitte, bitte!" stimmte der Mathematiklehrer eiligst zu.

Vika setzte sich auf ihren Platz, Artjom und Iskra aber verließen schweigend die Klasse. Auf dem Flur begegneten sie Serjosha aus der 10 a, worüber sie sich sehr wunderten, denn es war Unterricht, und überhaupt war das ihre Etage und nicht die der Zehnten.

„Ich hab auf euch gewartet", sagte er. „Die Valendra

läßt uns eine Arbeit schreiben, sie selbst ist beim Direktor. Man wird euch ausquetschen, darum will ich euch alles erklären."

„Wir wissen Bescheid", sagte Iskra.

„Was wißt ihr? Gar nichts. An dem Tag nach der Prügelei begegnete uns die Valendra, gerade als ich Jurka nach Hause brachte. Seine Visage war ein Bild des Schreckens, dein Freund hat sich ganz schön ins Zeug gelegt. Sie ließ nicht locker: Wer war es und weswegen? Ich sagte: eine ganz normale Prügelei. Das hab ich gesagt, das möchte ich betonen. Jurka war nicht nach Reden zumute, du hast ihm den Kiefer ausgerenkt."

„Danke", lachte Artjom. „Seid ihr in der Zehnten alles solche Quatschköpfe oder nur er?"

„Was sollte ich machen? Sie ist wie ein Blutegel, das weißt du selber. Sie hat Jurka in die Poliklinik geschickt, damit er meldet, daß man ihn zusammengeschlagen hat, aber er ist nicht gegangen. Also bleib dabei, daß es eine normale Prügelei war. Schon aus Prinzip ..."

„Wir kommen allein klar", unterbrach ihn Iskra, „scher dich zu deinem Jurka."

Im Direktorzimmer saß Valentina Andronowna. Sie saß seitlich, aber bequem am Tisch und machte nicht die geringsten Anstalten zu gehen.

„Sie haben uns rufen lassen?" fragte Iskra.

„Warte im Flur, Poljakowa", sagte Valentina Andronowna.

Iskra blickte schweigend den Direktor an. Nikolai Grigorjewitsch nickte, sie verließ augenblicklich das Zimmer, und Valentina Andronowna lächelte. Es war ein böses Lächeln, und Artjom entging das nicht.

„Wofür hast du Juri Degtjarew aus der 10 a verprügelt?"

„Für eine bestimmte Sache", brummte Artjom.

„Was für eine Sache?"

„Eine Sache zwischen uns beiden."

Die Fragen stellte nur sie. Der Direktor schwieg und blickte auf die Tischplatte. Deswegen war Artjom so wütend und aufsässig.

„Dann werde ich dir sagen, weswegen du ihn verprügelt hast. Du hast ihn verprügelt, weil Juras Vater bei der Miliz ist."

Das war eine überraschende Eröffnung, in der Schule interessierte sich keiner sonderlich dafür, wo wessen Vater beschäftigt war. Artjom starrte die Lehrerin verblüfft an.

„Du brauchst mich gar nicht so anzuglotzen, so ist es."

Nikolai Grigorjewitsch schüttelte mißbilligend den Kopf.

„Das geht aber zu weit, Valentina Andronowna."

„Ich bin dieser Frage bis in alle Einzelheiten nachgegangen, Nikolai Grigorjewitsch. Bis in alle Einzelheiten!"

„Und wenn Sie mich totschlagen", sagte Artjom plötzlich laut. „Das ist doch ..."

Ohne Erlaubnis ging er aus dem Zimmer.

„Schäfer!" Valentina Andronowna sprang auf. „Schäfer, sofort kommst du zurück!"

„Nicht nötig", sagte der Direktor leise. „Valentina Andronowna, das war nicht recht von Ihnen. Mit solchen Anschuldigungen ist nicht zu spaßen."

„Ich weiß, was ich tue", schnitt ihm die Lehrerin das Wort ab. „Man hat Ihnen doch wohl klargemacht, wozu Ihr fauler Liberalismus führen kann; also zwingen Sie mich nicht, mich noch einmal über Sie zu beschweren. Und dieser Schäfer ist der Rädelsführer, meinen Sie, ich hätte die Zusammenkunft anläßlich seines Geburtstages vergessen? Ich vergesse nichts. Wenn Schäfer nicht an unserer sowjetischen Schule lernen will, soll er arbeiten gehen. Ich werde schon dafür sorgen!"

Der Direktor verzog das Gesicht, als hätte er Zahnschmerzen, aber er schwieg.

„Poljakowa!" rief die Lehrerin.

Keiner erschien oder gab eine Antwort. Valentina Andronowna rief noch einmal, dann ging sie auf den Flur – Iskra war nicht zu sehen.

„Poljakowa! Wo bist du, Poljakowa?"

Iskra kam vom Treppenabsatz. Schweigend ging sie auf die Lehrerin zu und starrte sie mit sonderbaren Augen an.

„Was haben Sie zu Artjom gesagt, Valentina Andronowna? Was haben Sie zu ihm gesagt?"

„Das geht dich nichts an. Marsch ins Direktorzimmer."

„Sein Gesicht ist schwärzer als die Erde", sagte Iskra vorwurfsvoll. „Ich hab ihn gefragt, aber er hat nur geflucht. Ganz fürchterlich geflucht."

„Er wagt es noch zu fluchen!" sagte die Lehrerin triumphierend, als sie wieder das Direktorzimmer betrat. „Das sind die Früchte Ihrer Demokratie gegenüber den Schülern."

Sie meinte die vielen Gespräche des Direktors, das Singen in der Turnhalle, die Spiegel in der Mädchentoilette und überhaupt diesen ganzen speichelleckerischen Liberalismus, den man mit glühendem Eisen ausbrennen mußte. Der Direktor verstand sie sehr wohl und schwieg erneut, den Kopf gesenkt.

„Wo wart ihr gestern?"

„Bei Vika Ljuberezkaja."

„Hast du die andern überredet, dorthin zu gehen? Oder Schäfer?"

„Den Vorschlag gemacht habe ich, gegangen sind sie von sich aus."

„Weshalb? Weshalb hast du das vorgeschlagen?"

„Weil man einen Menschen im Unglück nicht allein läßt."

„Unglück nennt sie das!" Valentina Andronowna schlug die Hände überm Kopf zusammen. „Haben Sie das gehört, Nikolai Grigorjewitsch?"

Nikolai Grigorjewitschs Blick deutete Iskra erst später, als sie zu Hause war. Jetzt nahm sie ihn nur emotional wahr, fand aber keine Erklärung dafür. Er war müde und ergeben, und der Direktor selbst glich einem zerknitterten Blatt Papier.

„Du also hast den Arbeitseinsatz organisiert? Wie edel! Vielleicht glaubst du das Ganze nicht? Vielleicht bist du der Ansicht, Ljuberezki ist gar kein Betrüger, sondern ein unschuldiges Opfer? Weshalb schweigst du?"

„Ich weiß alles", sagte Iskra leise.

Sie dachte, daß Valentina Andronowna noch vor kurzem Ljuberezki den Stolz der Stadt genannt hatte. Sie dachte, ohne sich die Frage konkret zu stellen: Wie ist das nur möglich? Sie nahm einfach die Ungereimtheiten des Lebens zur Kenntnis, registrierte die Tatsachen.

„In Anbetracht deines bisherigen einwandfreien Betragens wird es für dich keine Konsequenzen geben. Aber laß dir das eine Lehre sein, Poljakowa. Morgen berufst du eine außerordentliche Komsomolversammlung ein."

„Und worüber?" fragte Iskra erbleichend.

Die ganze Zeit suchte sie Nikolai Grigorjewitschs Blick zu erhaschen. Doch er wich ihr aus.

„Über das weitere Schicksal der Ljuberezkaja als Komsomolmitglied. Ich bin der Ansicht, daß die Tochter eines Betrügers nicht in den Leninschen Komsomol gehört."

„Aber warum denn?" fragte Iskra kaum hörbar. Ihr wurde plötzlich schlecht. So schlecht wie noch nie, aber sie hielt sich auf den Beinen. „Warum? Vika ist doch nicht schuld, daß ihr Vater ..."

„Das ist richtig." Der Direktor erwachte aus seiner Erstarrung. „Völlig richtig."

„Ich werde diese Versammlung nicht durchführen", sagte Iskra mehr tot als lebendig.

Ein dumpfer, ziehender Schmerz machte sich im Unterleib bemerkbar. Dieser Schmerz ließ ihr die Hände taub werden, sie hätte sich hinhocken mögen, die Knie an die Brust pressen und sich nicht rühren. Die Stirn bedeckte sich mit kaltem Schweiß, Iskra biß sich auf die Lippe, um nicht fortzulaufen oder umzufallen.

„Was hast du gesagt?"

„Ich werde die Versammlung nicht durchführen."

„Wie bitte?"

Valentina Andronowna schien emporzusteigen und immer größer zu werden. Es schien Iskra jedenfalls so, denn ihr verschwamm alles vor den Augen, sie sah nichts mehr – es gab nur noch diesen Schmerz. Einen Schmerz, der den Körper von innen zu zerreißen schien.

„Ihr ist schlecht!" rief Nikolai Grigorjewitsch und sprang auf.

Er bekam Iskra grade noch zu fassen, sonst wäre sie

der Länge lang hingefallen. Sie klammerte sich an ihn und lächelte mit letzter Kraft.

„Es ist nichts. Entschuldigen Sie. Es ist nichts."

„Eine Schwester!" schrie der Direktor. „Was sitzen Sie da wie eine Glucke?"

Als Iskra wieder zu sich kam, lag sie auf einer harten Liege in der Sanitätsstelle. Sie schaute sich erschrocken um und blickte an sich hinunter: das Kleid war hochgerutscht, der Kragen stand offen. Sie richtete sich auf und versuchte sich in Ordnung zu bringen.

„Es ist niemand da außer mir, keine Sorge", sagte eine dicke ältere Schwester gutmütig. „Na, aufgewacht, meine Schöne? Ist alles wieder gut. Trink das hier."

„Was ist mit mir gewesen?" Gehorsam schluckte Iskra die Tropfen.

„Nichts Schlimmes, bei Mädchen kommt das vor. Du brauchst nicht gleich rot zu werden. Eine ganz natürliche Sache, du bist im Heranwachsen, na und außerdem, wie man sieht, etwas nervös. Du mußt dich vorsehen, bist ja schon groß und wirst das begreifen."

„Gewiß, gewiß, danke. Und wie ... Bin ich von alleine zu Ihnen gekommen?"

„Der Direktor hat dich gebracht, Nikolai Grigorjewitsch. Wie seine eigene Tochter, hätte dir beinah noch einen Kuß gegeben."

„Wie schrecklich", flüsterte Iskra.

„Ist alles wieder in Ordnung? Dann rufe ich Nikolai Grigorjewitsch, er wartet im Flur."

Sie steckte den Kopf durch die Tür, und sogleich erschien der Direktor. Iskra wollte aufstehen, aber er setzte sich neben sie auf die glatte Wachstuchliege.

„Wie steht's, mein gutes Mädchen?"

„Woher wollen Sie wissen, daß ich gut bin?" fragte Iskra lächelnd.

„Oh, das war nicht schwer zur erraten. Schaffst du es bis nach Hause, oder sollen wir einen Wagen kommen lassen?"

„Sie schafft es schon!" Die Schwester winkte ab.

„Ich schaffe es", bestätigte Iskra.

„Begleiter hast du auch genügend. Und die Versammlung ist um eine Woche verschoben, also brauchst du dir erst mal keine Sorgen zu machen. Ich habe selbst das Stadtbezirkskomitee angerufen."

„Und Vika?"

„Was die Ljuberezkaja betrifft, so kann ich vorläufig nichts versprechen." Der Direktor blickte finster drein und stand auf, wobei er wie üblich die Feldbluse unter dem Koppel straffzog. „Ich werde ein gutes Wort einlegen und tun, was möglich ist, aber versprechen kann ich nichts. Das verstehst du doch?"

„Ich verstehe", seufzte Iskra. „Gar nichts verstehe ich."

Auf dem Flur warteten Sinotschka, Vika, Lena, Paschka, Shorka und Valka Alexandrow.

„Wo ist Artjom?"

„Weggegangen", sagte Shorka. „Er ist wiedergekommen, hat seine Tasche genommen und ist mitten aus dem Unterricht abgehauen."

„Mach dir keine Gedanken wegen Schäfer", sagte der Direktor mit gefurchter Stirn. „Er wird eben auf eine andere Schule gehen, ihm passiert schon nichts. Wenn es nur eine Schlägerei gewesen wäre, aber so ..."

„Die Schlägerei war völlig gerechtfertigt", sagte Valka Alexandrow. „Ich war an dem Tag krank und urteile absolut unparteiisch."

„Artjom hat sich meinetwegen geprügelt", gestand Sina plötzlich. Weil ich mit Jurka im Kino war."

„Deinetwegen?" fragte der Direktor freudig überrascht. „Wirklich deinetwegen?"

„Wieso, kann man sich meinetwegen etwa nicht prügeln?"

„Doch, doch", sagte Nikolai Grigorjewitsch. „Man kann und muß es sogar. Nur damit es für deinen Artjom leichter wird, gib mir das schriftlich, Kowalenko."

„Was soll ich?" fragte Sinotschka erschrocken.

„Auf einen Zettel schreiben. Darlegen, wie es war, die Gründe nennen. Die Poljakowa wird dir dabei helfen. Gleich morgen, nicht später."

„Und warum?"

„Weil es wichtig ist, sehr wichtig", sagte der Direktor fast glücklich. „Ein Stein fällt mir vom Herzen, wenn ich so ein Geständnis habe, kapiert?"

Sie begleiteten Iskra bis vor die Haustür. Zuerst wollte sie nichts davon wissen, aber diesmal hörte man nicht auf sie, und das war sehr angenehm. Vor dem Haus blieben sie stehen, schwatzten ein bißchen, lachten und gingen jeder seines Wegs. Nur Vika hatte es nicht eilig.

„Komm, Vika!" rief Lena. „Wir haben den gleichen Weg, und Paschka auch."

„Ich komme nach." Als alle gegangen waren, sagte sie: „Danke, Iskra. Papa hat nicht umsonst gesagt, daß du die beste von allen bist."

Die Erwähnung von Vikas Vater war Iskra unangenehm. Sie meinte jetzt zu wissen, wer er war, dieser Papa. Und um zu verbergen, was sie dachte, seufzte sie: „Mit dem Komsomol wird es sehr schwierig, Vika."

„Ich weiß." Vika sprach ruhig, als sei sie in diesen Tagen um zwanzig Jahre älter geworden. „Valentina Andronowna hat mir alles erklärt. Wir haben sehr lange unter vier Augen gesprochen. Nikolai Grigorjewitsch hat man derweil irgendwohin beordert, und als er zurückkam, war er irgendwie ... Irgendwie völlig anders."

„Mit dem Komsomol wird es sehr schwierig", wiederholte Iskra, für sie war das jetzt das Allerwichtigste. „Aber verzweifle nicht; Nikolai Grigorjewitsch hat versprochen, etwas zu tun."

„Ja, ja." Vika lächelte traurig. „Und die Versammlung ist ja erst in einer Woche."

Sie drückten sich noch einmal kräftig die Hand, wollten sich einen Kuß geben und taten es wieder nicht. So trennten sie sich.

Siebentes Kapitel

Iskra ließ Sina die Erklärung schreiben, redigierte sie stark, indem sie die ihrer Meinung nach überflüssigen Emotionen herausstrich, und brachte sie dem Direktor.

„Sehr gut", sagte Nikolai Grigorjewitsch. „Vielleicht klappt es."

Zwei Tage später rief er sie zu sich: „Der Missetäter

kann bleiben. Sag ihm, er soll morgen wiederkommen."

Iskra war so froh, daß sie es nicht aushielt und die letzte Stunde schwänzte. Sie nahm die Straßenbahn, flog ins Haus und klopfte. Die Tür wurde von Artjoms Mutter geöffnet.

„Wo ist Artjom?" platzte Iskra außer Atem heraus.

„Was heißt, wo er ist?" In den Augen der Mutter blitzte Angst auf. „Ist er etwa nicht in der Schule?"

„Nein, nein, *ich* war nicht in der Schule", erklärte Iskra überstürzt, da sie annahm, Artjom habe seine Unannehmlichkeiten verschwiegen. „Ich war nicht in der Schule und dachte ..."

Sie verstummte sogleich schuldbewußt und wurde rot, denn Artjoms Mutter schüttelte mißbilligend den Kopf.

„Du kannst nicht lügen, mein Kind", seufzte sie. „Natürlich ist das gut, aber dein Mann wird es nicht leicht haben. Also komm in die Küche und berichte, was mein Junge Schreckliches angestellt hat."

Iskra erzählte alles, wie es gewesen war. Alles über die Prügelei, aber nichts über Vika. Über die Prügelei und die Auseinandersetzung mit der Klassenlehrerin, aber daß Artjom ausfällig geworden war, sagte sie nicht. Und obwohl Verschweigen auch eine Form der Lüge ist, hatte sich Iskra diese Form bereits zu eigen gemacht.

„Ach, immer diese verflixten Prügeleien", sagte Artjoms Mutter und lächelte nicht ohne Stolz. „Er ist ein mutiger Bursche, meinst du nicht auch? Bei so einem Vater kein Wunder. Mein Mann war MG-Schütze bei Budjonny höchstpersönlich, und ich bin ihnen mit Matwej auf dem Arm nachgezogen. Ich weiß jetzt Bescheid. Dieser Schlingel – ich meine Timka –, dieser Halunke versteckt sich bei Rosa und Pjotr. Dann kommt er heim und macht Schularbeiten. Es ist sehr schwer, Jungs zu erziehen, obwohl, nach Rosotschka zu urteilen, ist es mit Mädchen noch schwerer. Jetzt sage ich dir, wo diese merkwürdigen jungen Leute wohnen, die nicht mal einen Kochlöffel besitzen."

Sie erklärte, wie das Wohnheim zu finden sei, und Iskra rannte los, allerdings hatte sie zuvor noch zwei Stück

Kuchen verdrückt. Schnell fand sie das bewußte Zimmer auf dem riesig langen Korridor, wollte anklopfen, aber hinter der Tür hörte sie eine Frauenstimme singen. Sie sang nur so vor sich hin, aber so angenehm, daß Iskra erst ein Weilchen zuhörte, ehe sie anklopfte. Rosa war allein. Sie plättete Wäsche, sang und las gleichzeitig in den „Baustoffen".

„Er kommt gleich", sagte sie und meinte Artjom. „Ich habe ihn einkaufen geschickt. Du bist Iskra? Richtig, Artjom hat gesagt, wenn ihn jemand findet, dann nur Iskra."

„Und Sie sind Rosa, nicht wahr? Artjom hat mir erzählt, daß Sie von zu Hause fortgegangen sind."

„Es war richtig, daß ich es gemacht habe", lächelte Rosa. „Wenn du liebst und nicht den Kopf verlierst, bedeutet das, daß du nicht liebst und die Liebe verlierst. Das ist es, was mir klar geworden ist."

„Kommen Sie, ich helfe Ihnen."

„Sag lieber du zu mir. Du fragst, warum? Weil ich Hemden für meinen Liebsten bügle." Sie knüllte plötzlich das Hemd zusammen, drückte es gegen das Gesicht und seufzte. „Weißt du, was das für eine Freude ist?"

„Sie ... du sagst, lieben heißt den Kopf verlieren", begann Iskra ernsthaft, sie wollte sich über diese Verirrung klar werden und auch Rosa ein bißchen zur Vernunft bringen. „Aber der Kopf ist ganz und gar nicht dazu da, daß man ihn verliert, das wäre ja traurig. Die Frau ist genau so ein Mensch wie ..."

„Ach, Larifari!" unterbrach sie Rosa fröhlich und siegessicher. „Wenn du es wissen willst – das allergrößte Glück ist, zu fühlen, daß du geliebt wirst. Nicht zu wissen, sondern zu fühlen, was soll also der Kopf dabei? Wirf die Dummheiten raus und laß dir eine vernünftige Frisur machen."

„So zu sprechen bedeutet zu leugnen, daß die Frau eine große Kraft in unserem Aufbauwerk ist ..."

„Und ob sie eine Kraft ist!" unterbrach Rosa erneut; sie war so lebhaft, daß sie die anderen ständig unterbrach. „Eine Riesenkraft! Nur nicht, wie du es meinst. Die Frau ist nicht eine Riesenkraft, weil sie besser Steine schleppen kann, sondern weil sie jeden Mann dazu bringen kann, diese Steine zu schleppen. Soll der Mann also Steine schleppen – wir werden ihn dazu bringen."

„Was heißt dazu bringen?" Iskra wurde langsam böse, weil kein ernsthaftes Gespräch zustande kam. „Ihn zwingen etwa? Ihm unseren Willen aufdrängen? Mit der Peitsche, wie ein Plantagenbesitzer? Oder wie?"

„Wie? Mit unseren Händen, Füßen, unserem Mund." Rosa stellte plötzlich das Bügeleisen beiseite und schritt stolz durchs Zimmer, die schöne Brust vorgereckt. „Schau mich an, willst du behaupten, ich bin nicht stark? Und ob! Wenn mein Liebster mich anschaut, ist er nicht nur bereit, Steine zu schleppen, sondern auch Eisen zu zerbeißen. Darin besteht unsere Kraft. Ihr wollt, daß wir die Arbeitsproduktivität erhöhen? Bitte sehr. Dann gebt uns schmucke Sachen, damit wir schön aussehen, und unsere Jungs werden ganze Berge abtragen. Allein um unseres schönen Lächelns, unserer Zärtlichkeit willen ..."

Artjom kam ins Zimmer, Rosa verstummte und blinzelte Iskra verschmitzt an.

„Grüß dich", sagte er, ohne erstaunt zu sein. „Zucker hat es wieder keinen gegeben. Morgen soll es in der Siebzehnten zwei Kilo pro Person geben."

„Dann müssen wir hingehen", sagte Rosa ohne jegliche Verärgerung und machte sich wieder ans Plätten. „Mein Pjotr ist ein schreckliches Süßmaul."

„Na, was gibt's Neues bei euch?" fragte Artjom, zog sich aus und räumte die Einkäufe fort.

„Alles in Ordnung, komm morgen zur Schule."

„Ich bin dieser Frage nachgegangen!" äffte Artjom jemanden nach, den sie nur allzu gut kannten. „Diese Quatschköpfe. Geht Vika zur Schule?"

„Ja. Die Versammlung findet in einer Woche statt. Vielleicht gelingt es ..."

„Gar nichts wird gelingen, weil die Valendra alle auffrißt. Habt ihr viel Schularbeiten bekommen?"

Iskra zeigte ihm die Hausaufgaben, erklärte den neuen Stoff und ging. Von Artjom wußte sie: er würde tun, was er sich vorgenommen hatte, und er hatte sich vorgenommen, auf keinen Fall seine über alles geliebte 9 b sausen zu lassen. So dachte Iskra, für Artjom selbst aber bestand die ganze 9 b ausschließlich aus Sinotschka Kowalenko.

Die Woche war wie jede andere: sie schrieben ab und sagten vor, beantworteten Fragen und lösten Aufgaben, schrieben einander Zettel, ärgerten sich, trafen Verabredungen, vergossen heimlich Tränen. Nur Valentina Andronowna rief nicht ein einziges Mal Vika auf, obwohl Vika ausgezeichnet präpariert war und bei den anderen Lehrern durchweg ein „Sehr gut" erhielt. Aber das waren immerhin Lappalien, obwohl die Klasse alles sah, alles registrierte, Schlüsse zog, und wenn die Klassenlehrerin von diesen Schlußfolgerungen gewußt hätte, würde sie es sicherlich vorgezogen haben, rechtzeitig in eine andere Schule überzuwechseln.

„Diese Kanaille", sagte Landys.

„So spricht man nicht von Erwachsenen!" fuhr ihn Iskra an.

„Ich spreche nicht von Erwachsenen, sondern von Valendra."

Artjom bekam einen Verweis vom Direktor, er schnaufte und schniefte und setzte sich auf seinen üblichen Platz neben Shorka. Am Samstag nach dem Unterricht machte Vika den Vorschlag: „Wir wollen vom Herbst Abschied nehmen."

Alle wunderten sich, nicht über den Vorschlag, sondern daß er von Vika kam. Sie waren begeistert.

„Gehen wir in den Wald!" rief Sinotschka.

„An den Fluß!" verlangte Landys.

„Nach Sosnowka", sagte Vika. „Dort ist Wald und ein Flüßchen."

„Ja, nach Sosnowka!" sagte Shorka, der augenblicklich seine Meinung geändert hatte.

„Gibt es dort ein Lebensmittelgeschäft oder ein Büfett?" fragte Iskra.

„Ich habe alles besorgt. Brot kaufen wir früh, der Zug fährt neun Uhr vierzig."

Sosnowka war nicht weit entfernt, nicht einmal alle ihre Lieblingslieder schafften sie zu singen. Sie sprangen auf den niedrigen Bahnsteig und verstummten, überrascht von der durchsichtigen Stille.

„Wohin gehen wir?" fragte Valka Alexandrow; das Los

war auf ihn gefallen, und er mußte den Essenkorb tragen, daher interessierte ihn sehr, wie weit es war.

„Hinter der Datschensiedlung ist der Wald und dahinter das Flüßchen“, erklärte Vika.

„Warst du schon öfters hier?“ fragte Lena.

Vika antwortete nicht und ging los, gefolgt von Landys. Sie drehte sich um und nickte ihm zu, da holte er sie ein und ging neben ihr. Sie bogen in einen Seitenpfad ein und gelangten in eine stille, völlig verlassene Gasse. Rechts und links standen reihenweise zugenagelte Datschen.

„Die Sommerfrischler sind aber schnell wieder abgereist“, sagte Shorka; ihn bedrückte das Schweigen.

„Ja“, bestätigte Vika einsilbig.

„Ich würde hier bis zum Winter wohnen. Es ist so schön hier.“

„Ja, das ist es.“

„Kann man im Flüßchen baden?“

„Jetzt ist es zu kalt.“

„Aber sonst?“

„Es gab hier Badestellen.“ Vika blieb stehen, wartete, bis die anderen sie eingeholt hatten, und sagte, hauptsächlich an Iskra gewandt: „Das ist unsere Datsche.“

Sie standen vor einem kleinen akkuraten Haus, das vor kurzem einen fröhlichen hellblauen Anstrich erhalten hatte.

„Hübsch“, sagte Sina gedehnt.

„Papa hat es selber gestrichen. Er mochte lustige Farben.“

„Und jetzt ...“ begann Iskra und verstummte.

„Jetzt ist alles versiegelt“, fuhr Vika ruhig fort. „Ich wollte ein paar von meinen Sachen holen, aber man hat es mir nicht erlaubt.“

„Gehn wir“, brummte Artjom. „Was gibt's da zu sehen?“

Sie gingen durch das dichte Unterholz des Waldes, raschelten mit dem Laub und schwiegen, sei es wegen der herbstlichen Stille oder weil sie die Datsche noch bedrückte, in der die Vergangenheit ihrer Schulfreundin für immer beschlossen lag. Angesichts dieser versiegelten Vergangenheit wollten sich keine Worte einstellen.

Vika führte sie zum Flüßchen, es war öde und traurig, mit ertrunkenen Wasserlilien darin. Die jungen Leute zündeten ein Feuer an, und als es losprasselte und die Funken sprühten, da fingen alle erleichtert wieder an zu sprechen und zu lächeln, so als hätte das Feuer diesen versonnenen Herbsttag aus dem Dämmer der jüngsten Vergangenheit ins Licht zurückgeholt. Die Mädchen machten sich mit dem Essen zu schaffen, nur Vika, die sich neben dem Korb niedergelassen hatte, war in tiefes Nachdenken versunken. Dann erhob sie sich plötzlich und schaute Landys an.

„Bist du sehr beschäftigt?"

„Ich? Keine Spur. Artjom ist unser Chefheizer."

„Wenn du willst, zeige ich dir ein schönes Plätzchen."

Sie ging am Ufer entlang, und Shorka folgte ihr, ohne ein Wort zu sprechen. An einer steilen, sandigen Böschung blieben sie stehen; ein Heckenrosenstrauch ließ seine Zweige mit den schweren roten Früchten hinabhängen.

„Hier hab ich oft gesessen und gelesen."

Sie setzte sich an den Rand der Böschung und ließ die Beine baumeln. Shorka blieb stehen, ging dann zum Heckenrosenstrauch und pflückte rote Früchte ab.

„Laß sie doch dran, sie sind so schön. Später werden sie die Vögel aufpicken."

„Du hast recht", pflichtete ihr Landys bei. Er schaute auf die abgerissenen Hagebutten, wollte sie wegwerfen, steckte sie aber nach kurzem Überlegen in die Tasche.

„Setz dich. Hier neben mich, was schleichst du da hinter mir herum?"

Shorka nahm hastig Platz, und wieder schwiegen sie lange. Er schaute sie ab und zu an, wollte näher heranrücken, konnte sich aber nicht dazu entschließen.

„Shorka", sagte Vika plötzlich leise. „Liebst du mich?"

Sie fragte nicht etwa: „Gefalle ich dir?", nein, sie fragte: „Liebst du mich?" Wie eine Erwachsene.

Shorka holte tief Luft, bewegte die Lippen und nickte, wobei er angestrengt geradeaus schaute; er traute sich nicht, in ihre Richtung zu sehen.

„Wirst du mich immer lieben?“

Landys wollte sagen, das ganze Leben lang, aber wieder nickte er nur stumm. Dann fügte er hinzu: „Sehr.“

Seine Stimme war heiser, und die Lippen wollten ihm nicht gehorchen.

„Danke. Küß mich jetzt, Shorka.“

Hastig rückte er näher, beugte sich herüber, preßte die Lippen an ihre Wange und erstarrte.

„Und nimm mich in die Arme. Bitte, nimm mich ganz fest in die Arme.“

Aber Shorka konnte weder küssen noch umarmen. Jugend ist immer Kampf zwischen Verlangen und Angst, und noch war die Angst in ihm und in Vika stärker. Er faßte sie mit beiden Händen ungeschickt um die Schultern, drückte sie an sich und küßte behutsam, was ihm gerade unterkam: die Wange, eine Haarsträhne, das winzige Ohr. Vika lehnte sich an seine Brust, blickte in die Ferne, über das Flüßchen hinweg, und so saßen sie, bis von weit her Valka rief: „Vika, Shorka, wo seid ihr? Das Essen ist fertig!“

Sie aßen Reformbrot und Wurst, brieten Kartoffeln, die Artjom vorsorglich mitgebracht hatte, und tranken Limonade: für jeden war eine Flasche da. Dann sangen sie und lachten ohne besonderen Grund. Paschka lief auf den Händen, Artjom und Valka sprangen übers Feuer. Vika sang und lachte, und Shorka suchte die ganze Zeit ihren Blick zu erhaschen. Sie lächelte ihm zu, forderte ihn aber nicht ein zweites Mal auf, mit ihr zur Böschung zu gehen.

Es war bereits dunkel, als sie zurückkehrten, daher verabschiedeten sie sich eilends gleich am Bahnhof.

„Morgen ist Montag“, sagte Iskra bedeutungsvoll.

„Ich weiß“, nickte Vika.

Sie gaben einander lange die Hand und konnten sich, wie immer, nicht entschließen, einander zu küssen.

„Vielleicht komme ich nicht zum Unterricht“, sagte Vika nach einer Pause. „Aber beunruhige dich nicht, es wird alles sein, wie es sein muß.“

„Das heißt, zur Versammlung bist du da?“

Iskra hatte nicht nachfragen wollen, sie wollte die Versammlung tunlichst gar nicht erwähnen, doch Vika, schien ihr, hielt mit etwas hinterm Berg. Man mußte also Charakter zeigen und geradeheraus fragen.

„Natürlich."

„Vika, wir warten", rief Lena. Sie stand mit Paschka ein Stück entfernt.

Vika drückte Iskra noch einmal fest die Hand und ging, ohne sich umzublicken. Iskra hatte plötzlich das dringende Verlangen, Vika möge sich noch einmal umblicken, und sie schaute ihr lange hinterher.

Vor ihrem Haus wartete wiederum Saschka Stameskin.

„Ihr habt mich also nicht mitgenommen", konstatierte er beleidigt. „Bin wohl überflüssig in eurer Gesellschaft."

„So ist es", bestätigte Iskra kurz angebunden. „Vika hat uns eingeladen."

„Na und? Der Wald gehört doch nicht Vika."

Irgend etwas stimmte nicht mehr zwischen ihnen seit dem Gespräch vor der Haustür. Iskra machte das sehr zu schaffen, und sie dachte viel darüber nach, aber sie konnte Saschkas Bemerkung nicht vergessen, daß Ljuberezki persönlich ihm die Arbeitsstelle besorgt habe. Aus seinen Worten meinte sie feige Ängstlichkeit herausgehört zu haben.

„Du wärst also gern mit Vika mitgefahren?"

„Mit dir wäre ich gern mitgefahren!" schnitt Saschka ihr brüsk das Wort ab.

Diese Heftigkeit stimmte Iskra sofort weich: seine Worte klangen absolut ehrlich. Sie faßte nach seiner Hand.

„Sei bitte nicht böse, ich hab einfach nicht rechtzeitig daran gedacht."

Saschka brubbelte noch etwas vor sich hin, wurde aber zusehends sanft. Iskra fühlte das.

„Sehen wir uns morgen?"

„Morgen geht es wirklich nicht, Saschka. Morgen ist Komsomolversammlung."

„Aber doch nicht bis abends."

„Kannst du dir vorstellen, was danach mit Vika wird?"

„Vika und immer nur Vika."

„Saschka, hör auf damit", seufzte Iskra. „Du bist ein guter Kerl, aber was du sagst, ist schlecht."

„Also meinetwegen", antwortete Saschka unzufrieden. „Ich habe also unrecht. Aber sehen wir uns dann wenigstens übermorgen?"

Je näher der Montag kam, desto öfter dachte Iskra, wie wohl die Versammlung ablaufen würde. Sie versuchte, die erträglichste Form für Vikas Stellungnahme zu finden, ging verschiedene Varianten durch, während sie im Bett lag, und hatte, schon im Einschlafen, endlich die richtige gefunden: „Ich verurteile ihn …"

Ja, genau das würde sie Vika vorschlagen: „Ich verurteile ihn." Sie sollte sich nicht von ihrem Vater lossagen, als ein ehrlicher Mensch sollte sie lediglich seine unehrenhaften Handlungen verurteilen, und alles würde gut werden. Einfach großartig würde dann alles werden. Iskra war so froh, daß sie die rettende Formulierung gefunden hatte, daß sie vor Freude augenblicklich einschlief.

Vika erschien nicht in der Schule. Valentina Andronowna forderte Iskra auf, augenblicklich zu der Ljuberezkaja zu gehen und nachzusehen, was los sei.

„Nicht nötig, Valentina Andronowna", sagte Iskra. „Vika kommt zur Versammlung, sie hat mir ihr Wort gegeben. Und daß sie nicht zum Unterricht gekommen ist, ist doch verständlich: sie muß ihre Stellungnahme vorbereiten."

„Immer diese Extravaganzen." Die Lehrerin schüttelte unwirsch den Kopf. „Mit euch hat man nur Scherereien. Sag Alexandrow, er soll einen Aushang wegen der Versammlung machen."

„Wozu? Es wissen doch sowieso alle davon."

„Es kommt ein Genosse aus dem Stadtbezirkskomitee, weil es sich nicht um eine einfache persönliche Angelegenheit handelt. Verstehst du?"

„Ich weiß, daß es keine einfache Angelegenheit ist."

„Also sag Alexandrow, er soll den Aushang schreiben und ihn am Eingang befestigen.

Valka lehnte das strikt ab. Und Iskra bestand nicht darauf, weil ihr diese Idee ganz und gar nicht behagte.

„Wo ist der Aushang?“ fragte die Lehrerin vor der letzten Stunde.

„Es gibt keinen Aushang.“

„Was heißt, es gibt keinen, Poljakowa?“

„Es wird kein Aushang geschrieben“, wiederholte Iskra eisern. „Wir sind der Meinung ...“

„Sie sind der Meinung“, unterbrach sie Valentina Andronowna höhnisch. „Hört sie euch an, sie sind also der Meinung! Schick mir sofort Alexandrow! Verstanden?“

„Valentina Andronowna, ein Aushang ist wirklich nicht nötig“, sagte Iskra so ruhig wie möglich. „Wir bitten Sie herzlich. Es ist nicht nötig.“

Die Lehrerin schaute Iskra schweigend an. Entweder hatte der ruhige Ton sie beeindruckt oder die Starrköpfigkeit der 9b, oder sie begann etwas zu begreifen – jedenfalls blieb das gewohnte Gekeife aus. Sie sagte nur warnend: „Das geht alles auf deine Rechnung, Poljakowa.“

Die letzte Stunde war zu Ende, die Klasse lärmte los, steckte die Schulbücher weg und blieb da, weil sie alle Komsomolzen waren. Etwas später kam Valentina Andronowna mit einem jungen Mann aus dem Stadtbezirkskomitee.

„Wo ist die Ljuberezkaja?“

„Noch nicht da“, sagte Sina wie immer im unrichtigen Augenblick.

„Das sehe ich!“ sagte die Lehrerin fast triumphierend. „Kowalenko, lauf sofort hin und bring sie, wenn nötig, mit Gewalt hierher. Vielleicht fangen wir inzwischen an?“

Die letzte Frage war bereits an den Genossen vom Stadtbezirkskomitee gerichtet.

„Nein, wir müssen warten.“ Er setzte sich auf eine leere Bank, die Bank von Sina und Vika; Sina war bereits losgelaufen, Vika noch nicht da.

„Nein, nein, setzen Sie sich bitte hier vorn ans Pult.“

„Ich finde es hier sehr angenehm“, sagte er. „Mitten unterm Volk.“

Er lächelte, aber das „Volk“ war heute stumm. Valentina Andronowna bemerkte auch das: ihr entging nichts.

Sie schritt ans Pult und umfing wie immer mit einem Blick die ganze Klasse.

„Wir haben noch Zeit zu sprechen und uns Gedanken zu machen; vielleicht ist es sogar gut, daß sich die Ljuberezkaja als ein jämmerlicher Feigling erwiesen hat. Auf jeden Fall nimmt ihr das die Aureole der Märtyrerin, die ihr schlechte Freunde und schlechte Freundinnen unbedingt aufzwingen wollen."

Dabei starrte sie unentwegt Iskra an, und diese senkte den Kopf. Sie fühlte sich schuldig, schuldig der Vertrauensseligkeit und Unerfahrenheit, und sie schämte sich fürchterlich.

„Schlechte Freunde und schlechte Freundinnen", wiederholte die Lehrerin triumphierend. Ihre Stunde war gekommen. „Ein guter Freund und echter Kamerad sagt immer die Wahrheit, so bitter sie auch sein mag. Man soll sich nicht vom Mitleid hinreißen lassen – Mitleid ist Trug und Schwäche –, sondern immer und allezeit ein prinzipienfester Mensch bleiben!" Sie machte eine Pause, um wie gewöhnlich die lautstarke Reaktion der Klasse abzuwarten, aber es gab keine Reaktion. Die Klasse äußerte weder Zustimmung noch Mißbilligung – sie schwieg heute beharrlich. „Von diesen prinzipiellen Positionen aus werden wir die persönliche Angelegenheit der Ljuberezkaja klären. Dabei können aber auch einige andere Namen nicht außer acht gelassen werden. Wir dürfen nicht vergessen, wie man den Komsomolzen und gesellschaftlich aktiven Schüler Juri Degtjarew viehisch zusammengeschlagen hat. Wir dürfen auch die Begeisterung für eine uns fremde Poesie seitens einiger überschwenglicher Literaturenthusiastinnen nicht vergessen, ebenso wie den zersetzenden Einfluß einer schädlichen, liberalen, das heißt bourgeoisen, Demokratie. Elemente, die von Pädagogik keine Ahnung haben, versuchen mit aller Macht, in unser Erziehungssystem einzudringen und manch einen leichtgläubigen Schüler aus dem Konzept zu bringen oder ihm gar seine verderblichen Ansichten aufzuzwingen."

Der Sturm brach los, als es Valentina Andronowna überhaupt nicht erwartete. Die Klasse hatte geschwiegen, als sie von der Ljuberezkaja sprach, geschwiegen, als sie auf Schäfer anspielte und eine leichte Andeutung auf Iskra Poljakowa machte. Doch beim ersten Schlag gegen den Direktor zeigte sie sich empört. Sie lärmte erregt und unzufrieden, wollte sich absolut nicht beruhigen, und Valentina Andronowna mußte zum letzten Mittel greifen. „Ruhe! Ruhe, sage ich!“

Sie verstummten. Aber sie verbargen nur ihre Mißbilligung, ohne sie aufgegeben zu haben. Valentina Andronowna begnügte sich heute auch damit.

„Die Frage des ehemaligen Schuldirektors wird gerade entschieden ...“

„Des ehemaligen?“ unterbrach sie Ostaptschuk laut.

„Jawohl, des ehemaligen!“ wiederholte Valentina Andronowna brüsk. „Romachin ist seines Amtes enthoben und ...“

„Eine Sekunde“, fiel ihr der Genosse vom Stadtbezirkskomittee ungehalten ins Wort. „Warum so kategorisch? Nikolai Grigorjewitsch ist vorläufig nicht seines Amtes enthoben, die Frage ist noch nicht entschieden, also lassen wir das vorläufig.“

„Von der formalen Seite habe ich vielleicht unrecht, aber als ehrlicher Pädagoge ...“

Ihr wurde unbehaglich, und der Triumph schwand aus ihrer Stimme. Sie begann sich zu rechtfertigen, anstatt Prognosen zu verkünden, und die Klasse lächelte. Ein verächtliches und unversöhnliches Lächeln.

„Laßt gefälligst das Grinsen“, schrie Valentina Andronowna, nicht mehr in der Lage, die Klasse oder sich selbst zu beherrschen. „Ja, ich forciere die Entwicklung, aber ich bin heilig überzeugt davon, daß ...“

Die Tür wurde aufgerissen, und herein stürmte Sina Kowalenko. Atemlos – offensichtlich war sie den ganzen Weg gerannt – schloß sie die Tür hinter sich, lehnte sich mit dem Rücken dagegen und ließ ihre weit aufgerissenen Augen über die Klasse schweifen.

„Und die Ljuberezkaja?“ fragte Valentina Andronowna. „Warum sagst du nichts? Ich frage: Wo ist die Ljuberezkaja?“

„Im Leichenschauhaus“, sagte Sina leise, ließ sich mit dem Rücken die Tür abwärts gleiten und setzte sich auf den Fußboden.

Achtes Kapitel

In den Tagen bis zur Beerdigung ließ sich keiner aus der Truppe in der Schule blicken. Manchmal – meist zur großen Pause – kam Valka vorbei, Landys war völlig verschwunden, er nächtigte weder zu Hause, noch ließ er sich bei Schäfers blicken. Artjom und Paschka suchten in der ganzen Stadt nach ihm, fanden ihn, gaben aber weder den Eltern noch den Freunden eine Erklärung ab. Sie redeten in diesen Tagen überhaupt so gut wie nicht, sogar Sina war stumm geworden.

Die gerichtliche Untersuchung erfolgte am Tage darauf. Vika hatte einen Zettel hinterlassen: *„An meinem Tod bitte ich niemandem die Schuld zu geben. Ich tue es bewußt und freiwillig."* Der Untersuchungsrichter zeigte den Zettel Iskra. Sie las ihn lange und wischte sich die Tränen ab.

„Wie hat sie es gemacht?"

„Schlafmittel", sagte der Untersuchungsrichter und heftete den Zettel wieder sorgfältig in der Akte ab. „Im Haus gab es reichlich Schlaftabletten, und sie war allein."

„Hat sie sehr leiden müssen?"

„Nein, sie ist einfach eingeschlafen, und man ist zu spät darauf gekommen. Die Tante ist genau an diesem Tag eingetroffen, sieht, das Mädchen schläft, und wollte es nicht wecken."

„Wollte es nicht wecken ..."

Der Untersuchungsrichter schenkte dem Seufzer keine Beachtung. Er blätterte in den Papieren – eine dünne Mappe, es gab nicht viel zu protokollieren – und fragte, ohne aufzublicken: „Hör zu, Iskra, du warst jeden Tag mit ihr zusammen – hier sind deine Aussagen. Wie kommt es, daß du nichts bemerkt hast?"

„Was hätte ich bemerken sollen?"

„Na, vielleicht wurde sie von jemandem gekränkt, vielleicht hat sie sich beklagt oder etwas gesagt? Denk nach."

„Sie hat nichts Besonderes gesagt, sich über niemanden beklagt, niemanden beschuldigt."

„Das wissen wir. Ich meine eine besondere Art von Kränkung. Na, verstehst du, als Frau."

„Nein, nichts dergleichen, alles war in Ordnung. Noch am Tag zuvor waren wir in Sosnowka …“ Zum ersten Mal hob Iskra die Augen und fragte mit Überwindung: „Und die Beerdigung? Wann wird man sie beerdigen?“

„Das mußt du die Verwandten fragen.“ Der Untersuchungsrichter schrieb etwas auf einen Zettel und gab ihn ihr. „Lies dir das durch und unterschreib. Hier. Ich schließe den Fall ab, da kein Tatbestand eines Verbrechens vorliegt. Reiner Selbstmord, psychisch bedingt.“

Iskra versuchte sich zu konzentrieren, begriff aber nicht, was sie las, und unterschrieb, ohne zu Ende gelesen zu haben. Sie stand auf, murmelte „Auf Wiedersehen“ und ging.

„Und wegen der Beerdigung erkundige dich bei den Verwandten“, wiederholte der Untersuchungsrichter.

„Sie hat keine Verwandten“, sagte Iskra automatisch; sie dachte in diesem Augenblick, daß an allem Ljuberezki schuld sei und daß es nur recht und billig wäre, wenn er unverzüglich erführe, wie er die eigene Tochter umgebracht hatte.

„Ich habe dir doch gesagt, daß die Tante angekommen ist.“

Auf der Straße warteten Lena und Sina. Man hatte sie ebenfalls vorgeladen, aber schon vor Iskra vernommen. Sie standen da, ohne eine Frage zu stellen.

„Gehen wir“, sagte Iskra nachdenklich.

„Wohin?“

„Ihre Tante ist gekommen.“ Iskra fiel es schwer, Vikas Namen auszusprechen, und so ersetzte sie ihn unwillkürlich durch das Pronomen. „Der Untersuchungsrichter hat gesagt, wegen der Beerdigung sollen wir mit den Verwandten sprechen.“

Sina stieß einen Seufzer aus. Sie gingen stumm, und je näher sie dem bekannten Haus kamen, desto kürzer wurden ihre Schritte. Vor dem Eingang traten sie von einem Fuß auf den anderen und schauten sich unentschlossen um.

„Das ist aber unheimlich schwer.“ Sina seufzte abermals.

„Es muß sein“, sagte Iskra.

„Es muß sein“, wiederholte Lena wie ein Echo Iskras Worte. „Als Kind kann man sagen ‚ich will‘ oder ‚ich will nicht‘, jetzt heißt das ‚es muß sein‘ oder ‚es muß nicht sein‘. Unsere Kindheit ist zu Ende, Sinaida.“

„Ja, sie ist zu Ende.“ Sina nickte traurig.

Sie schauten einander noch einmal an, dann ging Iskra als erste auf die Tür zu. Ihr fiel es ebenfalls schwer, dieses Haus zu betreten, aber sie war besser als die anderen auf dieses wie ein Schlag kurze und knappe Wort ‚es muß sein‘ vorbereitet.

Wieder reagierte niemand auf das Klingeln, nichts rührte sich in der von dichten Vorhängen verhängten, nun doppelt verwaisten Wohnung. Nur daß sich Iskra diesmal nicht nach Hilfe umsah, sondern die Tür aufstieß und eintrat. Grabesruhe herrschte in den Räumen. Düster schimmerte im Halbdunkel der antike Spiegel, und Sina schaute ihn zum ersten Mal mit gleichgültigen Blicken an.

„Ist hier jemand?“ fragte Iskra laut.

Keine Antwort. Die Mädchen sahen einander an.

„Keine Menschenseele.“

„Das ist nicht möglich. Wenn man weggeht, verschließt man die Tür.“

„Jetzt ist alles möglich ...“

Iskra schaute vorsichtig ins Speisezimmer: alles leer. Leer war es auch in der Küche und in Ljuberezkis Schlafstube, blieben noch das versiegelte Arbeitszimmer und Vikas Zimmer, vor dem Iskra unentschlossen stehenblieb.

„Wovor hast du Angst?“ flüsterte Lena plötzlich ärgerlich. „Los, dann geh ich rein.“

„Ich geh schon“, sagte Iskra leise und öffnete die Tür.

Sie prallte zurück: auf dem Bett lag eine Frau. Sie lag auf dem Rücken, die unter dem Kleid hervorblickenden stockgeraden Beine merkwürdig ausgestreckt. Die starren Hände hielten Vikas Bild fest an die Brust gedrückt; den Mädchen war das gerahmte Foto nur zu gut bekannt.

„Sie ist tot“, stöhnte Sina tonlos.

„Sie scheint zu atmen", sagte Lena unsicher.

Iskra trat dicht an sie heran und blickte in die starren, ausdruckslosen Augen.

„Hören Sie ..." Erst da fiel ihr ein, daß sie den Namen von Vikas Tante nicht wußte. „Genossin Ljuberezkaja!" Die Frau rührte sich nicht, die Augen starrten weiterhin blicklos auf Iskra. „Genossin Ljuberezkaja ..."

„Ist sie tot?" flüsterte Sina hinter ihr entsetzt.

„Genossin Ljuberezkaja, wir sind Freundinnen von Vika."

Die reglosen Lider bebten unmerklich. Iskra nahm allen Mut zusammen und berührte die Hand der Frau.

„Hören Sie, wir sind Freundinnen von Vika, wir gehen zusammen zur Schule ..."

Sie verstummte. Gehen? Nein, gingen, jetzt mußte man in der Vergangenheitsform sprechen. Alles in der Vergangenheit, denn diese Vergangenheit war ein fester Bestandteil ihrer Gegenwart geworden.

„Wir waren von der ersten Klasse an zusammen ..."

Nein, sie hörte sie nicht. Obwohl sie laut und deutlich sprach und sich zwang, ununterbrochen in die reglosen Pupillen zu blicken.

„Was ist?" fragte Lena ungeduldig.

„Ruf die Schnelle Medizinische Hilfe."

Während Lena anrief und bis die Schnelle Medizinische Hilfe kam, versuchten sie, so gut sie konnten, die Frau wieder zu Bewußtsein zu bringen. Sie betupften sie mit Wasser, holten Salmiakgeist und rieben die Schläfen ein. Alles war vergebens. Sie rührte sich nach wie vor nicht, hörte nichts und lag da, lang ausgestreckt wie ein Brett. Die Rettungsärzte richteten übrigens auch nichts aus. Sie gaben ihr eine Spritze, legten sie auf die Bahre und trugen sie in den Krankenwagen, ohne daß sie das Foto von Vika aus ihren starren Fingern nehmen konnten. Die Wagentüren klappten, der Motor heulte auf und verstummte in der Ferne, und die Mädchen waren allein in der großen, ausgestorbenen Wohnung.

„Wie in einer Gruft", sagte Sina.

„Was sollen wir machen?" seufzte Lena. „Vielleicht gehen wir zur Miliz?"

„Zur Miliz?" fragte Iskra. „Natürlich könnten wir uns

an die Miliz wenden: sollen sie Vika wie eine Landstreicherin verscharren. Sollen sie sie beerdigen, während wir seelenruhig zur Schule gehen, lernen, uns neue Kleider nähen und Verse von edlem Tun und Handeln rezitieren."

„Aber so hab ich's doch nicht gemeint, Iskra, du hast mich völlig mißverstanden."

„Man kann sich natürlich auch an die Miliz wenden", fuhr Iskra, ohne auf ihre Worte einzugehen, schroff fort, „gewiß kann man das ..."

„Nur – was werden wir einmal unseren Kindern sagen?" fragte Sina plötzlich sehr ernst. „Was werden wir ihnen einst erklären?"

„Ja, was werden wir einmal unseren Kindern sagen?" wiederholte Iskra wie ein Echo. „Ehe man andere erzieht, muß man sich selbst erziehen."

„Ich bin eine dumme Gans", sagte Lena, ehrlich zerknirscht. „Eine dumme Gans und schrecklich feige. Ich hab das nur gesagt, weil ich nicht wußte, was wir jetzt machen sollen."

„Alle sind wir dumm", sagte Sina mit einem Seufzer. „Wir fangen gerade erst an, klüger zu werden."

„Sicherlich weiß Artjoms Mutter alles." Iskra hatte einen Entschluß gefaßt und warf die Zöpfe in den Nakken. „Sie ist nicht mehr die Jüngste und hat bestimmt schon ... hat bestimmt schon jemanden beerdigt. Sina, such die Wohnungsschlüssel. Wir schließen ab und gehen zu Artjoms Mutter. Ich weiß nur eins: Vika müssen wir beerdigen. Wir und sonst niemand!"

Artjoms Mutter hörte sich schweigend an, was im Haus der Ljuberezkis geschehen war, und schüttelte betrübt ihren ergrauten Kopf. „Ihr habt richtig entschieden, Mädchen, das ist eure schwere Aufgabe. Ich habe mit Miron darüber gesprochen, und wir wußten, daß es so kommen würde."

Iskra verstand nicht genau, was Artjoms Mutter meinte, aber im Augenblick stand ihr der Sinn nicht danach. Sie dachte mit Schrecken daran, was ihnen bevorstand: sie mußten Vika irgendwo in Empfang nehmen, irgendwie zurechtmachen, irgendwohin bringen. Iskra war noch nie bei einer Beerdigung gewesen, wußte nicht, wie das vor sich ging, und konnte darum an nichts anderes denken.

„Miron, du begleitest die Mädchen“, sagte Artjoms Mutter.

„Morgen um neun, Mädchen“, sagte Artjoms Vater. „Ich gehe früh zur Arbeit und entschuldige mich dort.“

All diese Tage verbrachte Iskra, ohne die Zeit und die Menschen um sich wahrzunehmen. Sie vermochte weder zu lesen noch sich mit etwas zu beschäftigen, sie saß untätig herum oder ging ziellos im Zimmer auf und ab.

„Es wird Zeit, daß du dich zusammenreißt, Iskra.“

„Gewiß“, pflichtete Iskra tonlos bei.

Sie wandte sich nicht um, und die Mutter stieß insgeheim einen Seufzer aus und schüttelte unwillig den Kopf.

„Das Leben ist voller Tragödien. Ich weiß, daß die erste immer die schrecklichste ist, aber man muß sich aufs Leben vorbereiten und nicht das Leiden trainieren.“

„Vielleicht muß man das Leben selbst trainieren?“

„Spöttle nicht, ich meine es ernst. Ich versuche, dich zu begreifen.“

„Bin ich dir sehr unbegreiflich?“

„Iskra!“

„Ich habe einen Namen, der wie ein Schuß klingt“, sagte Iskra mit bitterem Lachen. „Entschuldige, Mama, ich werde dich jetzt nicht mehr unterbrechen.“

Aber Iskras Mutter war erschüttert von dem unerwarteten Ausbruch, der ihrer Tochter so gar nicht ähnlich sah. Krampfhaft unterdrückte sie den aufwallenden Ärger und hielt zweimal ein Streichholz an die bereits brennende Zigarette.

„Selbstmord ist ein Zeichen von Schwäche, ist dir das bekannt? Daher hat die Menschheit von alters her keine Achtung vor Selbstmördern.“

„Auch vor Majakowski nicht?“

„Halt den Mund!“

Iskras Mutter schlug wie ein Mann mit der Faust auf den Tisch. Der Aschbecher, die Zigarettenschachtel und die Streichhölzer – alles flog auf den Fußboden. Iskra hob alles auf, holte einen Besen und fegte die Asche und die Kippen weg. Die Mutter schwieg.

„Entschuldige, Mama."

„Setz dich. Du gehst natürlich zur Beerdigung und ... und das ist richtig so. Den Freunden muß man die letzte Ehre erweisen. Aber ich verbiete kategorisch jede Art von Totenmesse. Hörst du? Kategorisch!"

„Ich begreife nicht, wie du in diesem Fall auf eine Totenmesse kommst. Vika ist als Komsomolzin gestorben, wozu also eine Totenmesse?"

„Iskra, wir begraben Selbstmörder nicht jenseits der Friedhofsmauer, wie man das früher getan hat. Aber wir wollen die Willensschwachen und die Schwachnervigen auch nicht ermuntern. Deshalb bestehe ich nachdrücklich darauf ... keinerlei Reden und ähnliches. Entweder du gibst mir dein Wort darauf, oder ich sperre dich hier ein und lasse dich nicht zur Beerdigung."

„Das würdest du fertigbringen, Mama?" fragte Iskra leise.

„Ja." Die Mutter blickte ihr fest in die Augen. „Jawohl, weil mir deine Zukunft nicht gleichgültig ist."

„Meine Zukunft!" lachte Iskra bitter. „Ach, Mama, Mama! Hast du mir nicht beigebracht, daß die beste Zukunft ein reines Gewissen ist?"

„Ein reines Gewissen gegenüber der Gesellschaft, und nicht ..."

Sie stockte plötzlich. Iskra blickte sie schweigend an, wartete schweigend, wie sie den Satz beenden würde, aber die Pause zog sich in die Länge. Die Mutter drückte die Zigarette aus, umarmte Iskra und drückte sie fest an die Brust.

„Du bist das einzige, was ich auf der Welt habe, Iskra. Das einzige. Ich bin eine schlechte Mutter, aber sogar schlechte Mütter träumen davon, daß ihre Kinder glücklich werden. Lassen wir das Gespräch. Du bist ein kluges Mädchen, du hast alles verstanden und ... Geh jetzt schlafen. Morgen ist ein sehr schwerer Tag für dich."

Den morgigen Tag fürchtete Iskra so sehr, daß sie lange nicht einschlafen konnte. Sie fürchtete nicht das Begräbnis selbst: Artjoms Vater und Andrej Iwanowitsch Kowalenko hatten alles Nötige vorbereitet, nur einen

Wagen hatten sie nicht bekommen. Sie hatten alle Papiere besorgt, eine Grabstelle, hatten alles besprochen, nur einen Leichenwagen hatten sie nicht bekommen.

„Gut", sagte Artjom. „Wir werden, tja also ... Wir werden sie bis zum Friedhof tragen."

„Das ist aber weit", seufzte seine Mutter.

„Macht nichts. Wir sind eine Menge."

Nein, Iskra fürchtete nicht die Beerdigung, sie fürchtete die erste Bekanntschaft mit dem Tod, den Augenblick, wenn sie die tote Vika sehen würde; sie fürchtete, daß sie das nicht durchstehen, daß sie umfallen oder – noch schlimmer – laut losheulen würde. Laut losheulen, schreien, weil dieser Schrei, dieses tierische Heulen schon die ganze Zeit lautlos in ihr war.

Am Morgen kamen Sinotschka, Lena und Rosa sie abholen.

„Das muß sein, hat Mama gesagt", erklärte Rosa streng. „Ihr seid noch halbe Kinder, und bei so etwas ist eine erwachsene Frau notwendig."

„Danke, Rosa", sagte Iskra mit einem Seufzer der Erleichterung. „Sag, was wir tun sollen."

„Wir gehen hin zu ihnen. Hast du die Schlüssel? Na, zu den Ljuberezkis, was schaust du mich so an? Wir müssen Wäsche und ein schönes Kleid holen."

„Ja, natürlich." Iskra gab ihr die Schlüssel. „Weißt du, daran hätte ich überhaupt nicht gedacht."

„Ich sage doch, daß bei so etwas eine Erwachsene notwendig ist."

„Sie hat ein rosa Kleid", sagte Sina. „Ein sehr schönes, ich hab sie immer darum beneidet."

Rosa und die Mädchen gingen zu den Ljuberezkis. Iskra lief in die Schule. Sie hatte Angst, daß zu wenige mitkämen, der Sarg mußte aber vom Zentrum bis in den Außenbezirk gebracht werden, da würden sie es vielleicht nicht schaffen. Sie wollte mit Nikolai Grigorjewitsch sprechen, daß er die ganze Klasse zur Beerdigung gehen lassen sollte und nicht nur die nächsten Freunde. Trotz der schwerwiegenden Worte von Valentina Andronowna auf jener denkwürdigen Versammlung hatte bisher niemand den Direktor seines Amtes enthoben. Der Unterricht hätte längst begonnen haben müssen, doch der Schulhof war so voller Schüler, daß man kaum durchkam. Die jüngeren liefen hin und her, lärmten und schubsten die Mädchen; die älteren standen ungewöhnlich still da, wie von selbst nach Klassen gruppiert.

„Was ist los?“

„Die Schule ist geschlossen!“ teilte ein Schüler der fünften Klasse triumphierend mit.

Iskra bahnte sich einen Weg durch die Menge, als plötzlich die Tür geöffnet wurde und der Direktor, Valentina Andronowna und noch einige Lehrer auf die Treppe traten. Nikolai Grigorjewitsch ließ den Blick über den Hof gleiten, hob die Hand, und augenblicklich trat Ruhe ein.

„Schülerinnen und Schüler!“ rief der Direktor. „Heute findet kein Unterricht statt. Die Jüngeren können nach Hause gehen, die Älteren ... Die Älteren geben ihrer Schulkameradin das Geleit auf deren letztem Weg. Der tragisch ums Leben gekommenen Schülerin der 9 b Viktoria Ljuberezkaja.“

Es gab kein Lärmen und Schreien, sogar die Allerjüngsten gingen artig und diszipliniert auseinander. Die Älteren rührten sich nicht vom Fleck, und in der eingetretenen Stille war deutlich das überstürzte Flüstern von Valentina Andronowna zu vernehmen: „Dafür werden Sie sich verantworten.“

Die höheren Klassen bewegten sich schweigend durch die Straßen. Passanten blieben stehen und blickten der merkwürdigen Prozession lange hinterher, an deren Spitze der Direktor, der Mathematiklehrer Semjon Isaakowitsch und ein paar Lehrerinnen schritten. Auf dem Marktplatz blieb Nikolai Grigorjewitsch stehen. „Mädchen, kauft Blumen.“

Er kramte alles Geld aus seinen Taschen und gab es den Mädchen der 10 a. Auch der Mathematiklehrer holte Geld hervor, die Lehrerinnen öffneten ihre Handtäschchen, und die Schüler der höheren Klassen griffen in die Hosentaschen, und alles – die Geldscheine des Direktors, die Rubel der Lehrer und das Taschengeld für Frühstück und Kino –, alles wanderte in Sergejs neue modische Sportmütze, die er aus irgendeinem Grunde in der Hand trug.

In den Hof des Leichenschauhauses ließ man nur wenige Schüler, die übrigen warteten am Tor und überfluteten die Straße. Auf dem Hof drängte sich die ganze 9 b, doch Iskra erblickte unter allen sofort Landys. Zu Shorkas Füßen stand, in einen Sack eingewickelt, ein Heckenrosenstrauch mit grellroten Hagebutten, und Landys rauchte eine Zigarette nach der anderen, ohne zu merken, daß direkt neben ihm Nikolai Grigorjewitsch stand. Alle schwiegen. Es schwieg die 9 b am Eingang zum Leichenschauhaus, es schwiegen die Schüler der höheren Klassen auf der Straße, es schwiegen die Lehrerinnen der unteren Klassen.

Schließlich kam Andrej Iwanowitsch Kowalenko aus dem Leichenschauhaus heraus und sagte: „Es ist soweit. Wer trägt den Sarg?"

„Vergeßt den Sack nicht", sagte Shorka.

Ihm folgten Artjom, Paschka, Valka, noch ein, zwei andere und sogar der stille Wowik Chramow. Nikolai Grigorjewitsch hielt Landys' Rosenstrauch und nahm die Mütze vom Kopf. Alle wandten das Gesicht dem Eingang zu und standen wie erstarrt.

Es dauerte sehr, sehr lange, unerträglich lange, dann brachte man den Sargdeckel heraus und schließlich auf den Schultern ihrer Schulkameraden Vika Ljuberezkaja, die man gemessenen Schritts und kaum schwankend durch den Hof bis zum Tor trug.

„Bleibt stehen!" rief Rosa, sie war hinter dem Sarg aus der Tür des Leichenschauhauses getreten. „Wir begraben eine Braut. Sina, nimm zwei Sträuße. Gebt ihr weiße Blumen."

Sina ging unbeirrt vornweg, und hinter ihr, hinter dem Sargdeckel und dem hocherhobenen Sarg strömte die ganze Straße entlang die Prozession dahin. Eine merkwürdige Prozession, ohne Musik und ohne Weinen, ohne Angehörige oder Verwandte und fast ohne Erwachsene: die wenigen gingen unter den Schülern völlig unter. So schritten sie durch die Stadt bis zum Friedhof im Außenbezirk.

Die Sargträger wechselten einander ab, nur Shorka nicht, er trat seinen Platz zu Vikas Füßen an niemanden ab, und als sie am Grab angekommen waren, konnte er den Sarg nicht von der Schulter heben. Paschka sprang hinzu und half ihm.

Vika lag ruhig da, nur sehr weiß – weißer noch als die Blumen. Ein herbstlicher Nieselregen setzte ein, aber alle standen, ohne sich zu rühren, und Iskra sah zu, wie allmählich die Blumen naß und dunkler wurden, wie das Wasser auf das tote Antlitz tropfte, und sie wollte Vika zudecken, sie vor Regen und Feuchtigkeit schützen, die nun für immer bei ihr bleiben würden.

„Genossen!" sagte der Direktor plötzlich sehr laut. „Mädchen und Jungen, seht her. Schaut euch eure Freundin noch einmal an. Schaut sie euch gut an, damit ihr sie nicht vergeßt. Damit ihr das ganze Leben hindurch nicht vergeßt, daß nicht nur eine Kugel, eine Klinge oder ein Granatsplitter töten können, sondern auch ein böses Wort und eine schlechte Tat, Gleichgültigkeit und Bürokratismus, Feigheit und Niedertracht. Merkt euch das, Kinder, merkt euch das fürs ganze Leben!"

Ein seltsames Schluchzen entrang sich ihm, und er schlug die Hände vors Gesicht, als wollte er sich ohrfeigen. Die Lehrerinnen faßten ihn unter, führten ihn zur Seite und legten den Arm um seine krampfhaft zuckenden Schultern. Wieder trat Schweigen ein. Nur der Regen rauschte.

„Sollen wir zuschaufeln?" fragte ein Mann mit Spaten, ohne sich an jemanden direkt zu wenden.

Iskra trat ans Grab und hob den Kopf.

„Freund, leb wohl. Mein Freund, auf Wiedersehen.
Unverlorner, ich vergesse nichts.
Vorbestimmt, so wars, du weißt, dies Gehen.
Da 's so war: ein Wiedersehn versprichts ..."

Mit klingender Stimme sprach sie die letzten Verse Jessenins. Tränen, vermischt mit Regen, strömten ihr übers Gesicht, aber sie spürte nichts davon. Nur Schmerz. Einen bohrenden, stechenden Schmerz in der Brust.

Neben ihr fielen sich weinend Lena und Sinotschka in die Arme. Die schluchzende Rosa wurde von ihrem Vater und Petka gestützt, die ihren Streit und die feierlichen Schwüre vergessen hatte. Laut schluchzte auch Wowik Chramow, der stille Klassenprimus, über den die ganze Klasse acht Jahre lang gutmütig, aber beständig gespottet hatte.

„Ich habe dich nicht beschützt, mein Kind", sagte Kowalenko niedergedrückt, „nicht beschützt ..."

„Nehmt Abschied!" rief Rosa und wischte sich das Gesicht mit den Handflächen ab. „Es ist an der Zeit."

Sie trat ans Grab, kniete sich auf die nasse, glitschige Erde, fuhr über Vikas nasses Haar und drückte die Lippen auf ihre hohe weiße Stirn.

„Schlaf wohl."

Dann nagelten sie den Sargdeckel zu, ließen den Sarg ins Grab gleiten, schaufelten es zu, und alle begannen auseinanderzugehen. Nur Landys und Artjom machten sich noch lange zu schaffen und pflanzten den Strauch am Kopfende in die Erde. Die Mädchen, Paschka und Valka warteten geduldig an dem mit nassen Blumen übersäten frischen Grab. Dann gingen sie schweigend fort, nur Sina konnte das Schweigen nicht länger aushalten. Es drückte sie nieder und entsetzte sie, weil es nicht enden wollte und immer unerträglicher und quälender wurde.

„Wie schmutzig ihr seid", seufzte sie und musterte Artjom und Shorka. „Waschen müßte man euch, von oben bis unten."

Niemand gab eine Antwort. Sie begriff, daß sie nicht das Richtige gesagt hatte, aber sie konnte nicht länger schweigen.

„Alle haben geweint. Sogar Wowik Chramow."

„Der Glückliche", sagte plötzlich Artjom dumpf. „Wenn doch auch Shorka und ich heulen könnten!"

Schweigend trennten sie sich, einander zunickend. Nur Lena fragte: „Bis morgen?"

„Kann sein", sagte Iskra.

Sie gingen. Als sie schon vor ihrem Haus war, fiel Iskra ein, daß sie Saschka Stameskin heute gar nicht gesehen hatte. Weder beim Leichenschauhaus noch auf dem Friedhof. Ihr wurde ganz seltsam zumute, und sie begann sich fieberhaft alle ins Gedächtnis zu rufen, alle Gesichter, und redete sich ein, daß Saschka dagewesen sei, er mußte, es war unmöglich, daß er nicht dagewesen war. Doch sein Gesicht tauchte in ihrer Erinnerung weder am Grab noch weiter entfernt davon auf – nirgends, und Iskra begriff, daß er wirklich nicht da gewesen war, wohin niemand eingeladen wird.

„Für dich ist ein Schreiben von der Post gekommen", sagte die neugierige Nachbarin.

Es war eine Benachrichtigung über eine Einschreibesendung. Die Schrift war ihr bekannt, aber wessen Schrift es war, wollte und wollte Iskra nicht einfallen. Sie mußte sich doch an diese leichte, akkurate Handschrift erinnern, unbedingt, und angestrengt überlegend, von wem die Einschreibesendung wohl stammen mochte, ging sie, ohne sich auszuziehen, in ihre Koje hinter den Schrank. Sie hörte hinter sich die Tür zuschlagen und wußte, daß die Mutter gekommen war, drehte sich aber nicht um.

„Aufgestanden!"

Wie gewohnt sprang Iskra auf. Mit verzerrtem, zukkendem Gesicht riß sich Iskras Mutter fieberhaft das Koppel vom Leib, das um die nasse Lederjoppe geschnallt war.

„Du hast auf dem Friedhof eine Totenmesse veranstaltet? Ausgerechnet du?"

„Mama ..."

„Halt den Mund! Ich habe dich gewarnt!" Das Koppel war abgeschnallt, sein Ende glitt elastisch über den Fußboden, während Iskras Mutter die Schnalle fest in der Faust hielt.

„Mama, warte ..."

Der Riemen flog in die Luft. Gleich mußte er auf ihren Kopf, die Brust, das Gesicht niedersausen – wohin er gerade traf. Aber Iskra versteckte sich nicht, sie rührte sich nicht vom Fleck. Sie wurde nur bleich.

„Ich habe dich sehr gern, Mama, aber wenn du mich schlägst, ein einziges Mal nur, gehe ich für immer weg."

Sie sagte das leise und ruhig, obwohl ihr ganzer Körper bebte. Der Riemen schlug peitschend neben ihr auf den Fußboden, Iskra zupfte sich mit zitternden Händen ihren alten nassen Mantel zurecht und setzte sich an den Tisch. Mit dem Rücken zur Mutter.

Sie schaute auf die Benachrichtigung, verstand aber überhaupt nichts mehr. Sie hörte, wie das Soldatenkoppel zu Boden fiel, wie die Mutter in ihre Ecke der Stube ging, wie der Stuhl laut ächzte und ein Streichholz angerissen wurde. Sie hörte das alles, und ihr tat die Mutter schrecklich leid, aber sie konnte jetzt einfach nicht aufstehen und sich ihr an den Hals werfen. Sie hatte bereits einen Schritt getan, plötzlich, ohne Vorbereitung, aber als sie ihn tat, hatte sie begriffen, daß man bis ans Ende gehen mußte. Bis ans Ende, ohne sich umzublicken, wie schmerzhaft die ersten Schritte auch sein würden. Deshalb blieb sie sitzen, starrte blicklos auf die Benachrichtigung von der Einschreibesendung, die in einer nur allzu bekannten Handschrift geschrieben war, aber sie kam nicht darauf, von wem. Hinter ihrem Rücken knarrte wieder der Stuhl, sie hörte Schritte, regte sich aber nicht. Die Mutter ging zum Schrank, suchte etwas, legte etwas heraus.

„Zieh dich um. Auch die Strümpfe und die Wäsche. Du bist bis auf die Haut naß. Hier nimm."

Iskra zuckte zusammen von der sanften und müden Stimme der Mutter, wie sie sie gar nicht kannte. Sie wollte sich ihr an die Brust werfen, die Arme um sie schlingen und weinen. Laut und verzweifelt weinen und schluchzen, wie in der Kindheit. Aber sie nahm sich zusammen und drehte sich wieder nicht um.

„Ja, danke."

Die Mutter stand da und legte die Wäsche sorgfältig aufs Bett, dann ging sie still in ihre Zimmerhälfte. Wieder wurde ein Streichholz angerissen.

Neuntes Kapitel

Iskra kam nicht darauf, von wem die Einschreibesendung stammen mochte, aber die unbestimmte Unruhe hatte sich auch am Morgen nicht gelegt. Lange starrte sie die Benachrichtigung an, und eine Ahnung stieg in ihr auf, aber sie wies sie entsetzt von sich. Doch gegen ihren Willen nahm sie immer konkretere Formen an, und

Iskra beschloß, als erstes zur Post zu gehen: sie konnte nicht länger warten.

Auf dem akkuraten Päckchen war die Adresse in Blockschrift geschrieben, ein Absender fehlte. Offensichtlich handelte es sich um Bücher, und Iskra lief, ohne an die Schule zu denken, im Laufschritt zurück nach Hause. Kaum war sie in ihrem Zimmer, riß sie die Verpackung auf und setzte sich nieder, auf den Knien das bekannte Jessenin-Bändchen und ein Buch des Schriftstellers mit dem fremdländischen Namen „Grin".

„Ach Vika, Vika", flüsterte sie mit dem Schmerz einer Erwachsenen in der Stimme. „Du meine liebe Vika."

Lange fuhr sie mit bebenden Händen über die Einbände und wagte nicht, die Bücher aufzuschlagen und die Widmungen zu lesen. Aber es gab keine Widmungen, nur in dem Band von Grin lag ein Brief. Auf dem Umschlag stand in gleichmäßiger, ihr jetzt so vertrauter Schrift: *„Für Iskra Poljakowa. Persönlich."* Iskra tat den Brief beiseite, räumte das Einschlagpapier weg, zog ihren Mantel aus, ging an ihren Tisch, setzte sich, legte die beiden Bücher vor sich auf die Tischplatte, und dann erst öffnete sie das Kuvert.

Liebe Iskra!
Wenn Du diesen Brief liest, empfinde ich keinen Schmerz, keine Bitterkeit, keine Scham mehr. Ich würde keinem Menschen auf der Welt erklären, weshalb ich das tue, was ich heute tun werde. Dir aber bin ich eine Erklärung schuldig, weil Du mein bester und einziger Freund bist. Und außerdem, weil ich einmal gelogen habe, als ich sagte, daß ich Dich nicht gern habe, in Wirklichkeit aber habe ich Dich sehr gern und habe Dich immer gern gehabt, schon seit der dritten Klasse, und ich habe Dich immer ein kleines bißchen beneidet. Papa hat gesagt, Du seist durch und durch ehrlich, damals, als Du mit Sina zum ersten Mal bei uns warst und wir Tee getrunken und über Majakowski gesprochen haben. Ich war sehr froh, in Dir jetzt eine solche Freundin zu besitzen, und ich war stolz auf unsere Freundschaft

und schmiedete Pläne. Aber was soll's: meine Träume sind eben nicht in Erfüllung gegangen.

Ich schreibe Dir nicht, um mich zu rechtfertigen, sondern um es Dir zu erklären. Man hat mich zum Untersuchungsrichter vorgeladen, und ich weiß, daß man meinen Vater beschuldigt, er habe große Geldsummen veruntreut. Aber ich glaube ihm und kann mich nicht von ihm lossagen, und ich werde es niemals tun, denn er ist kein Dieb und Betrüger. Er ist ein ehrlicher Mensch, er hat es mir selber gesagt, wie könnte ich mich also von ihm lossagen? Die ganze Zeit denke ich darüber nach – über den Glauben an die Väter –, und ich bin fest davon überzeugt, daß man nur so und nicht anders leben muß. Wenn wir aufhören, unseren Vätern zu glauben, zu glauben, daß sie ehrliche Menschen sind, dann befinden wir uns in völliger Leere und Ödnis. Dann gibt es nichts mehr, begreifst Du, *nichts*. Nur Ödnis. Nur Ödnis bleibt dann noch, und wir selbst hören auf, Menschen zu sein. Wahrscheinlich verstehe ich es nicht recht, meine Gedanken in Worte zu kleiden, Du könntest es sicherlich besser, aber eins weiß ich: Die Väter darf man nicht verraten. Niemals, sonst töten wir uns selbst, unsere Kinder, unsere Zukunft. Wir brechen die Welt entzwei, graben einen Abgrund zwischen Vergangenheit und Gegenwart, zerreißen das Band zwischen den Generationen, denn es gibt auf Erden keinen schrecklicheren Verrat als den Verrat an seinem Vater.

Iskra, ich bin kein Feigling, was man über mich auch sagen mag, aber ich bin kein Feigling. Ich bin Komsomolzin geblieben und sterbe als Komsomolzin, und ich handle so, weil ich mich nicht von meinem Vater lossagen kann. Ich kann es nicht, und ich will es nicht.

Es ist schon Montag, gleich fängt die erste Unterrichtsstunde an. Gestern habe ich mich von Euch verabschiedet, von Dir und von Shora Landys, der schon lange in mich verliebt ist, ich habe das gefühlt. Deshalb habe ich zum ersten und zum letzten Mal im Leben einen Mann geküßt. Jetzt packe ich die Bücher ein, trage sie auf die Post und lege mich schlafen. Ich habe die letzte Nacht und auch die vorletzte kein Auge zugemacht und werde sicherlich leicht einschlafen. Die Bücher sind für Dich zur Erinnerung. Hineinschreiben will ich Dir nichts.

Wir beide haben uns nicht ein einziges Mal geküßt. Ich küsse Dich also jetzt für die ganze Vergangenheit und für die Zukunft.

Leb wohl, meine einzige Freundin!
Deine Vika Ljuberezkaja.

Die letzten Zeilen las Iskra wie durch beschlagenes Glas, Tränen trübten ihr den Blick. Aber sie weinte nicht, auch nicht, als sie den Brief bis zu Ende gelesen hatte. Langsam legte sie ihn auf den Tisch, strich ihn behutsam glatt, ließ die Hände in den Schoß sinken und saß lange reglos da. Etwas war in ihr zerrissen, eine Saite. Und der Schmerz von dieser zerrissenen Saite war der Schmerz einer Erwachsenen – wehmütig und hoffnungslos. Er war älter als Iskra selbst, dieser neue Schmerz in ihr.

In der Schule nahm der Unterricht seinen gewohnten Verlauf, nur in den höheren Klassen war es viel ruhiger als sonst. Und in der 9 b blieb eine Bank leer: Iskra war nicht zur Schule gekommen. Sinotschka setzte sich auf ihren Platz, neben Lena, und die hochgeklappte leere Bank von Vika Ljuberezkaja ragte wie ein Grabstein empor. Den Lehrern fiel sie sofort ins Auge, sie wandten den Blick ab und ließen Sina gewähren. Überhaupt ließ man alle gewähren. Niemand wurde zur Tafel gerufen, niemand abgefragt. Dann ertönten im Korridor schwere Schritte, und Nikolai Grigorjewitsch trat ein. Alle standen auf.

„Entschuldigen Sie, Tatjana Iwanowna", sagte er zu der bejahrten Geschichtslehrerin. „Ich komme mich verabschieden."

Die Klasse erstarrte. Alle dreiundvierzig Augenpaare blickten reglos auf den Direktor.

„Setzt euch."

Nur Wowik setzte sich. Er war wie immer gehorsam und erfüllte erst den Befehl, ehe er nachdachte. Aber wenn er nachdachte, tat er es gründlich.

„Steh auf", zischte Artjom ihn an.

Wowik sprang gehorsam auf. Nikolai Grigorjewitsch lächelte traurig.

„Ich will mich verabschieden. Ich gehe. Für immer." Er schwieg und lächelte. „Es fällt mir schwer, mich von euch zu trennen, ihr gestreiften Teufel, sehr schwer sogar. In jede Klasse gehe ich und sage: ‚Laßt es euch gut gehen und lernt fleißig.' Aber euch, der 9 b, möchte ich etwas mehr sagen als das."

Die bejahrte Geschichtslehrerin schluchzte plötzlich laut auf. Sie wußte nicht, wohin mit den Händen, und holte ein Taschentuch hervor.

„Verzeihen Sie, Nikolai Grigorjewitsch, bitte verzeihen Sie."

„Keine Panik, Tatjana Iwanowna, das wichtigste sind die Kämpfer, Kommandeure finden sich schon. Und an diese Kämpfer glaube ich: sie haben die erste Schlacht bestanden. Sie haben Pulver gerochen und wissen jetzt, wo es lang geht." Er hob den Kopf und rief laut, als stünde er vor einer Eskadron: „Ich glaube an euch, hört ihr? Ich glaube daran, daß aus euch richtige Männer und richtige Frauen werden! Ich glaube daran, denn ihr seid unsere Ablösung, ihr seid die zweite Generation unserer großen Revolution! Vergeßt das nicht, Kinder. Vergeßt das niemals!"

Der Direktor überblickte bedächtig, bei jedem Gesicht verweilend, die ganze Klasse, nickte kurz und militärisch und ging. Die Klasse aber blieb noch lange stehen und schaute auf die geschlossene Tür. In der völligen Stille war das bitterliche Schluchzen der bejahrten Lehrerin zu hören.

Es wurde ein schwerer, ein sehr schwerer Tag. Er zog sich in die Länge, zäh klammerte sich Minute an Minute, etwas Alarmierendes lag in der Luft, ballte sich zusammen und senkte sich mehr und mehr in jede Brust. In der letzten Stunde kam es zum Ausbruch.

„Kowalenko, wer hat dir erlaubt, dich umzusetzen?"

„Ich ..." Sinotschka erhob sich. „Niemand hat es mir erlaubt. Ich dachte ..."

„Setz dich sofort auf deinen Platz!"

„Valentina Andronowna, da Iskra sowieso nicht da ist ..."

„Ohne Diskussion, Kowalenko! Diskutieren werden wir, wenn man euch vorlädt."

„Also werden wir doch noch diskutieren?“ fragte Artjom laut.

Er fragte, um Valentina Andronowna abzulenken. Er wollte ihren Zorn auf sich laden, um Sina eine Verschnaufpause zu verschaffen.

„Was soll die Bemerkung, Schäfer? Hast du die Eintragung wegen schlechten Betragens vergessen?“

Artjom wollte etwas erwidern, aber Valka zupfte ihn von hinten an der Jacke, und er schwieg. Sina stand immer noch, den Kopf gesenkt.

„Was ist, Kowalenko? Hörst du etwa schlecht?“

„Valentina Andronowna, bitte erlauben Sie, daß ich heute bei der Bokowa sitze“, bat Sina flehentlich. „Das dort ist Vikas Bank, und ...“

„Ach, darum also! Ihr wollt also so etwas wie ein Denkmal daraus machen? Wie rührend! Ihr vergeßt dabei nur, daß dies hier eine Schule ist, wo es keinen Platz für Jammerlappen und Hysteriker gibt. Also, marsch, auf deinen Platz! Ein bißchen dalli!“

Sina richtete sich ruckartig auf. Ihr Gesicht wurde rot, die Lippen bebten.

„Unterstehen Sie sich nicht ... Unterstehen Sie sich nicht, mich zu duzen. Niemals. Hören Sie?“

Laut und verzweifelt aufschluchzend, rannte sie aus der Klasse. Alle schwiegen. Artjom wollte aufspringen, aber wieder hielt man ihn von hinten fest, und statt seiner erhob sich der ruhige und friedfertige Alexandrow.

„Sie befinden sich im Unrecht, Valentina Andronowna“, begann er in ruhigem Ton. „Ich will die Kowalenko nicht verteidigen, aber Sie auch nicht.“

„Setzen, Alexandrow!“ Zornig winkte die Lehrerin mit der Hand ab und beugte sich über das Klassenbuch.

Valka blieb stehen.

„Ich habe doch gesagt, daß du dich setzen sollst.“

„Und ich habe noch davor gesagt, daß Sie sich im Unrecht befinden“, sagte Valka mit einem Stoßseufzer. „Schäfer, Ostaptschuk und Landys rasieren sich bereits, und Sie behandeln uns, als ob wir Kinder wären. Wir sind aber keine Kinder mehr. Nehmen Sie das bitte endlich zur Kenntnis.“

„Soso.“ Die Lehrerin klappte das Klassenbuch zu, rang

sich ein Lächeln ab, und mit diesem erzwungenen Lächeln überblickte sie die Klasse. „Alles klar. Wer hält sich noch für erwachsen?"

Artjom und Shorka erhoben sich augenblicklich. Und ihnen folgte – einzeln, nach kurzem Nachdenken – die ganze Klasse. Außer Wowik Chramow, der diszipliniert sitzen blieb, weil er keine klare Anweisung bekommen hatte. Zweiundvierzig Schüler schauten die Lehrerin todernst an, und während sie noch überlegte, wie sie sich verhalten sollte, erhob sich auch Wowik, woraufhin in den hinteren Bankreihen jemand losprustete.

„Hab verstanden", sagte sie leise. „Setzt euch."

Die Klasse setzte sich wie ein Mann. Ohne das übliche Schubsen und Kichern, ohne Witzchen und Mätzchen, ohne die wie zufällig zu Boden geworfenen Bücher und das gutmütige gegenseitige Puffen und Knuffen. Valentina Andronowna schlug hastig das Klassenbuch auf, starrte hinein, ohne die bekannten Namen wahrzunehmen, um so deutlicher aber hörte sie, wie ungewöhnlich still es heute in der Klasse war. Das war die Disziplin der Ablehnung, die Stille der völligen Entfremdung, das wurde ihr schmerzlich klar. Die Klasse hatte alle Kontakte zu der Klassenlehrerin rigoros abgebrochen, ohne Skandal und Empörung, ganz ruhig und eiskalt. Sie war ihnen fremd geworden, so fremd, daß man sogar aufhörte, sie *nicht zu mögen*. Sie mußte nachdenken, mußte eine richtige Verhaltenslinie finden, aber die ganz gewöhnliche menschliche Angst vor der Einsamkeit, die sich in ihr regte, beraubte sie einer solchen Möglichkeit. Benommen starrte sie ins Klassenbuch, um mit ihren Gedanken ins reine zu kommen und die frühere Selbstsicherheit und Gelassenheit zurückzugewinnen, aber es gelang ihr nicht. Das Schweigen zog sich in die Länge, aber die Klasse hielt an der tödlichen Stille fest. Einer *tödlichen* Stille! Jetzt wurde ihr dieses Wort nicht nur klar bewußt, sie empfand es körperlich, in seiner ganzen Hoffnungslosigkeit.

„Wir lesen heute", sagte die Klassenlehrerin, die noch immer nicht die Augen zu heben wagte, „den Traum der Vera Pawlowna. Bokowa, fang…en Sie an. Sie können sitzen bleiben."

Sina war nicht zurückgekommen in die Klasse, und ihre Schultasche wurde ihr von der ganzen Truppe nach Hause gebracht. Sie drängten sich in dem kleinen Zimmer, saßen auf Bett und Stühlen, und Paschka hockte im Türkensitz auf dem Bettvorleger. Triumphierend berichteten sie vom Sieg über die Valendra – nur Shorka und Artjom schwiegen. Artjom, weil er Sina anschaute, und Shorka, weil er niemanden mehr zum Anschauen hatte.

„Bokowa, fang...en Sie an. Sie können sitzen bleiben!" ahmte Lena sehr gekonnt die Lehrerin nach.

Sina hatte, als sie allein war, erst einmal tüchtig geheult, jetzt lächelte sie. Doch es war ein trauriges Lächeln.

„Iskra ist also nicht mehr gekommen? Dann müssen wir zu ihr gehen. Jetzt gleich und alle zusammen. Wir schleppen sie an die frische Luft."

Aber Iskra hatte man schon an die frische Luft geschleppt, ehe sie bei ihr aufkreuzten. Sie hatte den ganzen Tag wie versteinert dagesessen oder war ruhelos durchs Zimmer gewandert, hatte wieder und wieder den Brief gelesen, war erneut versteinert und erneut hin und her gewandert. Bis schließlich Saschka kam.

„Ich komm dich abholen", sagte er, als sei nichts geschehen, „habe Kinokarten besorgt."

„Warum bist du nicht auf dem Friedhof gewesen?"

„Man hat mich nicht fortgelassen. Komm ins Kino, da kannst du es überprüfen, wir gehen mit der ganzen Brigade. Sind genügend Zeugen da."

Während er sprach, blickte ihn Iskra wütend an. Aber Saschka hielt ihrem Blick stand, und obwohl ihr die Erwähnung der Zeugen heftig mißfiel, wollte sie ihm doch glauben. Und sofort wurde ihr leichter.

„Aber ins Kino gehen wir nicht."

„Verstehe. Vielleicht machen wir einen Spaziergang? Kein Regen, ein Wetter, wie es im Buche steht."

„Dafür hat es gestern um so mehr geregnet", seufzte Iskra. „Die Blumen sind naß geworden und zusehends dunkler."

„Der Teufel muß ihn geritten haben mit dieser Veruntreuung ... Zieh dich endlich an!"

„Sascha, weißt du genau, daß er eine Million unterschlagen hat?" fragte Iskra und zog gehorsam ihren Mantel an: manchmal hatte sie es gern, wenn man sie kommandierte. Allerdings nicht oft.

„Ja, genau," sagte er mit Nachdruck. „Bei uns im Betrieb wissen es alle."

„Wie schrecklich! Begreifst du, ich habe bei ihnen Törtchen gegessen. Und Schokoladenkonfekt. Und alles natürlich für diese Million."

„Was hast du denn gedacht? Wer außer einem Dieb könnte wohl jeden Tag Torte essen?"

„Wie schrecklich!" seufzte Iskra noch einmal. „Wohin gehen wir? In den Park?"

Im Park waren alle Karussels und Buden bereits geschlossen, die Kioske zugenagelt, die Bänke zu einem Haufen zusammengeschoben. Das Laub war hier nicht weggefegt worden und raschelte traurig unter den Füßen. Iskra erzählte ausführlich von der Beerdigung, von Landys und seinem Heckenrosenstrauch, vom Direktor und seiner Ansprache an Vikas Grab. An dieser Stelle schüttelte Saschka unwillig den Kopf.

„Das hätte er lieber bleibenlassen sollen."

„Und warum?"

„Weil er ein guter Mann ist. Schade."

„Was ist schade? Warum ist das schade?"

„Man wird ihn absetzen", sagte Saschka kategorisch.

„Deiner Meinung nach soll man also schweigen und nur an das eigene Wohlergehen denken?"

„Man soll nicht mit dem Kopf durch die Wand rennen."

„Nicht mit dem Kopf durch die Wand rennen", wiederholte Iskra mit Bitterkeit. „Wie alt bist du eigentlich, Stameskin? Hundert Jahre?"

„Es geht nicht darum, wie alt man ist, sondern ..."

„Doch, darum geht es!" rief Iskra schroff. „Wie bequem, wenn ringsum lauter Greise sind! Alle werden sich nur um ihre kranke Leber kümmern, alle trachten nur danach, möglichst lange zu leben; aber wirklich leben, das kommt keinem in den Sinn. Ach wo! Alle werden möglichst unauffällig, artig und bieder vor sich hin leben, was auch geschehen mag. Aber das ist doch nichts für uns! Wir sind das jüngste Land der Erde – also werde niemals ein Greis, niemals!"

„Das hat dir wohl Ljuberezki beigebracht?" fragte Saschka plötzlich leise. „Dann halt lieber den Mund, kapiert?"

„Du bist außerdem also auch noch ein Feigling?"

„Was heißt außerdem?"

„Außer allem anderen."

Saschka lachte gezwungen. „Das ist doch alles nur Gerede. Ihr schwatzt kluges Zeug, a plus b, und wir arbeiten. Mit diesen Händen hier schaffen wir dem Land Reichtümer. Wir ..."

Iskra drehte sich plötzlich um und eilte die Allee entlang dem Ausgang zu.

„Iskra!"

Sie verlangsamte das Tempo nicht, legte eher noch einen Schritt zu – man sah nur die Zöpfe hüpfen. Saschka holte sie ein und schlang von hinten die Arme um sie.

„Iskorka, das war doch nicht ernst gemeint. Ich rede allen möglichen Quatsch, nur damit du lächelst."

Behutsam berührte er mit den Lippen ihre Mütze – Iskra rührte sich nicht –, er wurde kühner, drückte den Mund auf ihr Haar, den Nacken, den entblößten Hals.

„Du hast mich als Feigling bezeichnet. Da bin ich eben eingeschnappt. Das verstehst du doch, oder? Du bist doch mein kluges Mädchen, mein erwachsenes. Wir benehmen uns wie Kinder. Dabei sind wir doch schon erwachsen, wir sind die Arbeiterklasse ..."

Er strich mit den Händen über ihren Mantel, berührte die Brust, erstarrte, drückte sie behutsam – Iskra stand wie versteinert da. Er wurde kühner und preßte nicht einfach die Hände gegen ihre Brust, sondern streichelte sie, fuhr hin und her.

„Ja, so ist's gut, so ist's schön. Du mein kluges Mädchen, du ..."

Iskra fühlte in ihrem Kopf dröhnende Hammerschläge, ihr Herz pochte schnell und dumpf. Aber sie nahm alle Kraft zusammen und sagte ruhig: „Genau wie damals, unter dem Treppenschacht. Nur daß ich jetzt zu niemandem laufen kann."

Ohne Hast löste sie seine Hände und ging, ohne sich

umzublicken. Sie weinte erst, als sie das Parktor bereits hinter sich gelassen hatte, Tränen der Kränkung und Enttäuschung, Tränen des Schmerzes, den sie so viele Tage in sich getragen hatte, Tränen der Einsamkeit, für die sie sich bewußt und unwiderruflich entschieden hatte, und sie konnte ihrer erst vor der Haustür Herr werden. Gewohnheitsgemäß blieb sie vor der Wohnungstür stehen, wischte sich sorgfältig das Gesicht ab, versuchte ihre Ruhe wiederzugewinnen oder sich wenigstens ein Lächeln abzuringen, aber es wurde nichts daraus, aus dem einen so wenig wie aus dem anderen. Iskra seufzte und ging ins Zimmer.

Die Mutter saß rauchend am Tisch, wie üblich über einem zerlesenen Leninband, unterstrich mit verbissener Miene irgendwelche Stellen, legte zahlreiche Buchzeichen ein und schrieb ganze Absätze heraus. Iskra zog sich leise aus und ging in ihre Ecke. Sie setzte sich an den Tisch und schlug Jessenin auf, aber selbst Jessenin verschwamm ihr jetzt vor den Augen. Kurz darauf fühlte sie, daß die Mutter hinter ihr stand. Impulsiv drehte sie sich zur ihr um.

Lange schauten sie einander in die Augen. Es waren die gleichen Augen, und der Blick war jetzt auch der gleiche. Die Mutter setzte sich aufs Bett, die verschränkten Hände zwischen den Knien.

„Du mußt zur Schule gehen, Iskra, mußt dich mit etwas beschäftigen, sonst zermürbst du dich ganz umsonst."

„Ja. Morgen gehe ich."

Die Mutter nickte betrübt. Dann sagte sie: „Es ist schwer, sich an Kummer zu gewöhnen, ich weiß das. Man muß sich einmal so völlig verausgaben, daß es fürs ganze Leben reicht."

„Heißt das, es wird viel Kummer geben?"

„Wenn du so bleibst, wie du jetzt bist – und ich bin überzeugt, du bleibst so –, wirst du reichlich Kummer haben. Es gibt Naturen, die nehmen mehr Kummer in sich auf als Freude, und du gehörst dazu. Wir müssen an die Zukunft denken."

„An die Zukunft", seufzte Iskra. „Wie wird sie aussehen, die Zukunft, Mama?"

Am nächsten Tag ging Iskra zur Schule. Das erste Viertel des Schuljahrs neigte sich dem Ende zu, es hatte sich hingeschleppt wie ein Vierteljahrhundert. Es gab Zensuren, man wurde häufig zur Tafel gerufen, Kontrollarbeiten und Aufsätze wurden geschrieben. Alles schien zu sein wie immer, nur der Direktor, Nikolai Grigorjewitsch Romachin, war nicht mehr in der Schule, und Valentina Andronowna hatte einen kalten, offiziellen Ton angenommen, sprach alle bewußt mit Sie an und war mit „Sehr gut" äußerst sparsam. Sogar Iskra verpaßte sie nicht ohne Genugtuung ein „Genügend".

„Wenn Sie möchten, können Sie Ihre Antwort überdenken."

„Ich möchte nicht", sagte Iskra, obwohl sie bisher noch nicht ein einziges Mal eine solche Zensur bekommen hatte.

Einige Tage nach diesem Gespräch kehrte Nikolai Grigorjewitsch zurück. Er bezog sein altes Arbeitszimmer, aber es war dort jetzt immer sehr still. Das Singen hatte aufgehört, und der Direktor nahm seine Ziehharmonika mit nach Hause.

Unterwegs begegnete ihm Valka. Schweigend nahm der ihm die Ziehharmonika ab und ging neben ihm her.

„Man hat Sie also wieder zurückgeschickt, Nikolai Grigorjewitsch?"

„Hat man", antwortete der Direktor finster. „Zuerst hat man mich des Amtes enthoben, dann vorgeladen und wieder hierher zurückgeschickt."

Er wußte nicht, warum man ihn im Amt gelassen hatte. Er wußte nicht und hat es nie erfahren, daß der stille Andrej Iwanowitsch Kowalenko eine Woche lang von Behörde zu Behörde, von Büro zu Büro gegangen war, geduldig in der Schlange gesessen und gewartet hatte, bis man ihn empfing, und überall und immer wieder gefordert hatte: „Man darf Romachin nicht entlassen. Auf keinen Fall, Genossen! Wenn Sie es ablehnen, gehe ich weiter. Ich wende mich an das Volkskommissariat für Bildungswesen in Moskau, und ich gehe bis zum ZK."

In einem der Büros verstand man seine Argumente

schließlich, man lud Romachin vor, fragte ihn aus, verwarnte ihn und setzte ihn in seine alte Funktion ein. Nikolai Grigorjewitsch übernahm wieder die Schule, aber mit dem Singen war es vorbei. Und Valka trug ihm die reichlich abgenutzte Ziehharmonika nach Hause.

Vikas Bank schoben Artjom und Landys in die entfernteste Ecke der Klasse, rückten sie gegen die Wand, und jetzt saß niemand mehr auf ihr. Man besuchte das Grab, pflanzte Blumen und legte um den Hügel herum Rasen an. Saschka Stameskin brachte, ohne jemandem einen Ton gesagt zu haben, eine Metallumzäunung, die er im Betrieb gegossen hatte, und Shorka malte sie mit der fröhlichsten himmelblauen Farbe an, die er finden konnte.

Dann kamen die Feiertage. Am siebenten November gingen sie alle zur Demonstration. Die ganze Stadt war auf der Straße, Orchester und Lieder erklangen, und auch sie sangen aus voller Kehle bis zur Heiserkeit.

„Der Geist hat Arme, Flügel uns aus Stahl gegeben
Und statt des Herzens einen flammenden Motor!“

„Vika gibt es nun nicht mehr“, sagte Sina, als sie dieses Lied zu Ende geschmettert hatten. „Nie mehr. Aber uns. Wir gehen, lachen, singen. ‚Und statt des Herzens einen flammenden Motor.‘ Vielleicht haben wir wirklich statt des Herzens einen flammenden Motor?“

Sie gingen an der Tribüne vorbei, riefen laut und froh „Hurra!“, schwenkten Plakate, Losungen und die Bilder der Partei- und Staatsführer. Dann lösten sich die Marschblöcke auf, die Demonstrierenden gingen auseinander, die Lieder verstummten, nur ihre Schülerkolonne ging geschlossen, wenn auch ohne Gleichschritt, weiter und sang. Bald gesellten sich Pjotr und Rosa, die ihre eigene Truppe verlassen hatten, zu ihnen, und als sie den von Rufen und Marschmusik widerhallenden Platz hinter sich gelassen hatten, sagte Iskra: „Leute, Nikolai Grigorjewitsch war ja gar nicht mit.“

„Wollen wir zu ihm gehen?“ schlug Valka vor. „Er wohnt nicht weit weg, ich hab ihm die Ziehharmonika nach Hause getragen.“

Sie gingen alle gemeinsam zu ihm. Die Tür wurde von einer nicht mehr jungen, vergrämten Frau geöffnet. Stumm und streng schaute sie ihnen entgegen.

„Wir möchten zu Nikolai Grigorjewitsch", sagte Iskra, „ihm zum Feiertag gratulieren."

„Kommt rein, wenn ihr nun schon mal da seid."

Dieses „Kommt rein" war eigentlich keine Einladung, aber sie legten trotzdem ihre Sachen ab. Die Jungs fuhren sich über die Haarschöpfe, die Mädchen zupften die Kleider zurecht, Iskra musterte jeden kritisch, bevor sie das winzige, spärlich mit zusammengewürfelten Möbeln ausgestattete Zimmer betraten. Auf einem Hocker in der Ecke stand die altvertraute Ziehharmonika, hinter dem Tisch saß Nikolai Grigorjewitsch in der gewohnten Feldbluse mit dem doppelten Kavalleriekoppel.

„Was wollt ihr?"

Sie wurden verlegen, schauten angestrengt auf den gebohnerten Fußboden und schielten zu Iskra. Die Frau blieb schweigend im Türrahmen stehen.

„Wir möchten Sie zum Oktoberfeiertag beglückwünschen, Nikolai Grigorjewitsch."

„Ah, danke. Setzt euch, wenn ihr schon mal da seid. Mascha, stell den Samowar auf."

Die Frau ging. Sie ließen sich, so gut es ging, auf den Stühlen und dem alten Wachstuchsofa nieder.

„Na, wie war die Demonstration?"

„Ausgezeichnet."

„Fröhlich?"

„Ja."

Nikolai Grigorjewitsch hob nicht ein einziges Mal den Blick, während er fragte, und es antwortete nur Iskra. Beharrlich starrte er auf den Tisch.

„Das ist gut so. Gut und richtig."

„Wir haben Lieder gesungen", sagte Iskra bedeutungsvoll.

„Das ist gut. Lieder beflügeln Geist und Seele."

Er schwieg. Alle schwiegen, und alle empfanden Unbehagen.

„Warum sind Sie nicht mitgekommen?" fragte Sina, die das Schweigen nicht ertrug.

„Ich? Einfach so. Ich bin nicht ganz gesund."

„War der Arzt bei Ihnen?“ fragte Lena besorgt. „Und warum liegen Sie nicht im Bett, wenn Sie krank sind?“

Der Direktor schwieg beharrlich und starrte auf den Tisch.

„Sie sind nicht krank“, sagte Iskra leise. „Sie ... Warum singen Sie nicht mehr? Warum haben Sie die Ziehharmonika mit nach Hause genommen?“

„Man hat mich aus der Partei ausgeschlossen, Kinder“, sagte Nikolai Grigorjewitsch dumpf und mit bebender Stimme. „Aus meiner geliebten Partei ...“

Sein Kiefer zitterte, während sich die rechte Hand gegen die Brust preßte und die Feldbluse zerknüllte. Die Schüler schwiegen verwirrt.

„Das ist nicht wahr!“ sagte die nicht mehr junge Frau von der Tür her schroff. „Die Grundorganisation hat dich ausgeschlossen, aber ich war im Stadtbezirkskomitee bei Genossin Poljakowa, und sie hat mir versprochen, die Sache zu klären. Ich hab es dir doch gesagt! Und daß du dich ja nicht gehenläßt, hörst du?“

Aber Nikolai Grigorjewitsch hörte im Augenblick überhaupt nichts. Angestrengt starrte er auf ein und denselben Punkt, die Hand zerknüllte nach wie vor die Feldbluse. Iskra beugte sich über den Tisch, nahm diese Hand in die ihre und drückte sie.

„Nikolai Grigorjewitsch, schauen Sie mich an, bitte.“

Er hob den Kopf. Seine Augen waren voll Tränen.

„Wir sind die roten Kavalleristen“, sang Iskra plötzlich leise, „von unseren Heldentaten singen und sagen einst beredte Historisten ...“

„Darüber, wie in klaren Nächten und an trüben Tagen ...“

Alle fielen ein und sangen das Lied gemeinsam. Rosa sprang auf, dirigierte mit der Hand und schlug mit dem Fuß den Takt dazu. Und alle erhoben sich, als sei es die Hymne. Pjotr nahm die Ziehharmonika vom Hocker und stellte sie vor Nikolai Grigorjewitsch auf den Tisch.

„Führ uns in den Kampf, Budjonny, kühn ...“

Iskra sang laut und voll Inbrunst, den Kopf hoch erhoben und ohne die Tränen wegzuwischen, die ihr über die Wangen liefen. Alle sangen laut und voll Inbrunst; diesem inbrünstigen Druck gehorchend, erhob sich Nikolai Grigorjewitsch Romachin, der ehemalige Eskadronskommandeur der Ersten Reitereskadron, und griff zur Ziehharmonika.

„Unser ganzes Leben ist ein Kampf ...“

Viele Lieder sangen sie noch zur Begleitung der alten Ziehharmonika. Sie tranken Tee, saßen bis spät in die Nacht und wurden zu Hause mit Schelte empfangen. Doch sie waren stolz und mit sich zufrieden wie nie zuvor und erinnerten sich noch lange an diesen Tag.

Aber die Feiertage gingen vorbei, und das normale Schulleben machte sich wieder breit. Alles kam ins alte Gleis, wieder quälte sich Artjom an der Tafel herum, wieder machte Valka eine unnütze Erfindung, wieder flüsterte Shorka mit der ganzen Klasse, turnte Paschka im Schweiße seines Angesichts auf dem Reck, und der stille Wowik las in den Pausen weiter an seinen zerfledderten Romanen. Lena machte wieder ihre Spaziergänge mit Mentik und Paschka, Sina, die ihre Lehren gezogen hatte, traf sich mit Artjom und freundete sich eng mit Rosa an, und nur Iskra hatte abends nirgendwohin zu gehen. Sie saß zu Hause und las, und vergebens schrieb ihr Saschka verzweifelte Briefe.

Alles kam ins alte Gleis. Nikolai Grigorjewitsch wurde nicht aus der Partei ausgeschlossen, aber er lächelte auch nicht mehr und verließ nur selten sein Arbeitszimmer. Valentina Andronowna dagegen lächelte zwar selten der Klasse zu, aber dieser und jener aus der Klasse – von den unscheinbareren Schülern allerdings – begann ihr zuzulächeln, und jene Höflichkeit, die einst die 9 b mit solcher Einmütigkeit gefordert hatte, wurde allmählich zu einer Farce. Valentina Andronowna versprach sich immer häufiger und fiel in das gewohnte „Du“ zurück, und wenn sie sich bei einigen nicht versprach, so gab sie ihr besonderes Verhältnis zu ihnen durch ein besonderes Lächeln zu verstehen. Alles kam ins alte Gleis, und das mußte es letzten Endes auch. Alles war wieder natürlich und normal.

Bis eines Tages gegen Ende November der schöne Jura aus der 10 a in die 9 b gestürzt kam. Er stürzte herein, ließ die Tür hinter sich sperrangelweit offenstehen, und ohne dem gutmütigen Semjon Isaakowitsch die geringste Beachtung zu schenken, ließ er seine aufgerissenen Augen über die verblüffte Klasse schweifen und schrie: „Leonid Sergejewitsch Ljuberezki ist wieder zu Hause!"

Alle schwiegen. Dann erhob sich Iskra langsam von ihrem Platz, in dem Augenblick, als Shorka Landys losschrie. Er schrie wild und laut, in ein und demselben Ton, und trommelte mit beiden Fäusten auf die Bank. Artjom faßte ihn an den Armen, um die Schultern, aber Shorka riß sich los und schrie weiter. Alle sprangen von ihren Plätzen, schrien durcheinander, fragten Jurka aus, weinten, und keiner achtete mehr auf den alten Lehrer. Der Mathematiklehrer saß hinter dem Tisch, schüttelte seinen kahlen Kopf, wischte sich die Tränen mit einem großen Taschentuch ab und flüsterte bekümmert: „Mein Gott! Mein Gott! Mein Gott!"

Landys wurde schließlich beruhigt. Er saß in seiner Bank, klapperte mit den Zähnen und rieb sich mechanisch die blutiggeschlagenen Fäuste. Lena redete auf ihn ein, und Paschka stand neben ihm, einen Blechschöpfer voll Wasser in den Händen. Vom Henkel baumelte eine Kette herab: Paschka hatte den Schöpfer vom Wasserbehälter im Korridor abgerissen.

„Ruhe!" rief Artjom plötzlich, obwohl sich der Lärm bereits gelegt hatte und nur noch geweint und geflüstert wurde. „Gehen wir. Wir müssen uns treu bleiben. Hört ihr?"

„Wohin?" fragte Sina flüsternd, obwohl sie sehr wohl wußte, wovon Artjom sprach: sie graulte sich nur schrecklich davor.

„Zu ihm. Zu Leonid Sergejewitsch Ljuberezki."

Wie oft schon hatten sie sich diesem Haus mit den reglosen Vorhängen genähert! Wie viele Male hatten sie ihren ganzen Willen aufbieten müssen, um den letzten Schritt zu tun, wie oft waren sie vor der Tür hilflos von einem Fuß auf den andern getreten und hatten Iskra unbewußt den Vortritt gelassen! Heute ging Artjom als erster, aber vor der Tür hielt Iskra ihn an.

„Wartet! Wir dürfen nicht hineingehen. Wir wissen ja nicht einmal, wo Vikas Tante ist. Was sagen wir, wenn er fragt?“

„Wir sagen, wie es ist“, antwortete Artjom kurz und drückte auf den Klingelknopf.

„Artjom, du bist aber eisern“, stöhnte Paschka.

Niemand öffnete die Tür, niemand meldete sich, und Artjom klingelte nicht noch einmal. Er ging hinein, und alle folgten ihm. Die Vorhänge waren zugezogen, daher bemerkten sie Ljuberezki nicht sogleich. Er saß im Wohnzimmer, vornübergebeugt, die fest verschränkten Hände vor sich auf dem Tisch. Als sie ihn alle einzeln grüßten, hob er den Kopf, überflog sie mit einem angestrengten, nachdenklichen Blick, der an Iskra hängenblieb, und nickte. Und dann starrte er wieder an ihnen vorbei, ins Leere.

„Wir sind Vikas Freunde“, sagte Iskra leise, den Namen nur mit Mühe über die Lippen bringend.

Er nickte kurz, hatte sie aber offensichtlich nicht gehört oder nicht verstanden. Iskra schaute die andern voll Verzweiflung an.

„Wir wollten Ihnen alles erzählen. Wir waren bis zum letzten Tag zusammen. Und am Sonntag waren wir nach Sosnowka gefahren.“

Nein, er hörte sie nicht. Er horchte in sich hinein, hörte vertraute Stimmen, seine Erinnerungen, einzelne Sätze und Wörter, an die nur er sich jetzt entsinnen konnte. Die jungen Leute störten ihn überhaupt nicht, im Gegenteil, er empfand es als wohltuend, daß sie Vika nicht vergessen hatten, daß sie gekommen waren und etwas erzählen wollten. Aber heute mochte er nichts davon hören, vorläufig reichte ihm jene Vika, wie er sie kannte.

Die jungen Leute fühlten sich gräßlich unbehaglich, ihnen war, als hätten sie eine schreckliche Taktlosigkeit begangen und als ertrage der Hausherr nur aus Höflichkeit ihre Anwesenheit. Sie wollten gehen, aber einfach so, ohne daß sie etwas gesagt hatten oder daß man ihnen etwas gesagt hatte, war unmöglich, und so schauten sie einander verlegen an.

„Waren Sie auf dem Friedhof?“ fragte Artjom.

Er fragte es unumwunden, und Iskra war peinlich berührt von seiner Direktheit. Aber eben dieser Ton riß Leonid Sergejewitsch aus seiner merkwürdigen Abwesenheit.

„Ja. Ein himmelblaues Gitter. Blumen. Ein schöner Strauch. Die Vögel werden darauf picken.“

„Ja, das werden sie“, wiederholte Shorka und begann erneut seine geschwollenen Fäuste zu reiben.

Ljuberezkis Stimme war gedämpft und tonlos, er sprach abgehackt, und als er geendet hatte, fiel er in sein tiefes Schweigen zurück.

„Wir müssen gehen“, flüsterte Valka, „wir stören.“

Artjom schaute ihn böse an, holte tief Atem und ging entschlossen auf Ljuberezki zu. Er legte ihm die Hand auf die Schulter und rüttelte ihn: „Hören Sie ... so geht das nicht! Vika hat Sie als einen anderen geliebt. Tja also ... und wir ebenfalls. So geht das nicht.“

„Was?“ Ljuberezki sah sich langsam um. „Ja, nichts geht mehr, gar nichts.“

„Gar nichts?“

Artjom schritt durch das Halbdunkel des Wohnzimmers zu den verhängten Fenstern, fand die Gardinenschnur und zog daran. Die Vorhänge gingen auseinander, Licht ergoß sich ins Zimmer, und Artjom blickte sich zu Ljuberezki um.

„Kommen Sie hierher, Leonid Sergejewitsch.“

Ljuberezki regte sich nicht.

„Kommen Sie, sage ich! Paschka, hilf ihm!“

Doch Ljuberezki stand ohne Hilfe auf. Schlurfend trat er zum Fenster.

„Schauen Sie. Alle hätten hier doch nicht Platz gefunden.“

Vor dem Fenster, bei dichtem nassem Schneefall, stand die 9 b. Sie stand reglos, ganz weiß von den Schneeflocken, und nur Wowik Chramow trat von einem Bein aufs andere, offensichtlich fror er an den Füßen. Die Schuhe des stillen Klassenprimus waren immer voller Löcher. Etwas abseits, neben einer schneeverwehten Bank, standen zwei Vertreter der 10 a, und Serjosha hielt aus irgendeinem Grunde seine modische Sportmütze in der Hand.

„Ihr meine lieben Kinder", sagte Ljuberezki mit bebender, völlig veränderter Stimme. Und wie früher schaute er Iskra durchdringend an. „Die sind ja ganz erfroren! Rufen Sie sie herein, Iskra."

Iskra stürzte freudig zur Tür.

„Ich setze Tee auf", rief Sina. „Darf ich?"

„Natürlich dürfen Sie, Sinotschka."

Ohne seine Stellung zu verändern, schaute er zu, wie die Jungen und Mädchen einander sorgfältig den Schnee abklopften und wie einer nach dem anderen in die Wohnung kam. In seinen Augen standen Tränen.

Vor dem Tee führten Iskra und Landys Leonid Sergejewitsch in Vikas Zimmer und sprachen lange mit ihm. Lena sammelte inzwischen das ganze Vermögen der Schulkameraden in die Sportmütze und lief mit Paschka in die Konditorei. Und als Sina alle zum Teetrinken rief, standen auf dem Tisch die bekannten Törtchen: Lena hatte jedes gewissenhaft in drei Teile zerschnitten.

Beim Tee gedachten sie Vikas. Sie entwarfen ein lebendiges Bild von ihr, von der ersten Klasse an, einer unterbrach den anderen, ergänzte, fügte etwas hinzu. Ljuberezki schwieg, aber er hörte begierig zu, nahm jedes Wort in sich auf. Und er seufzte: „Was für ein schweres Jahr!"

Alle verstummten. Und Sina sagte, wie immer im unrechten Augenblick: „Wissen Sie, warum? Weil es ein Schaltjahr ist. Das nächste wird ein glückliches, Sie werden sehen!"

Das nächste war das Jahr neunzehnhundert*einundvierzig*.

Epilog

Vierzig Jahre später wurde ich im Zug durchgeschüttelt, der in meine Heimatstadt eilte. Unter mir schnarchte pfeifend Valka Alexandrow, und ihn zu wecken war zwecklos: Valkas Panzer hatte gebrannt, und ihm waren nicht nur die Ohren, sondern sogar die Kehle versengt worden. Aber er hatte ja auch einen schweigsamen Beruf: schon etliche Jährchen reparierte er Uhren. Ach, Edison, Edison! Wir hatten ihm in der Schule diesen Spitznamen verpaßt, und Iskra hatte ihm prophezeit, aus ihm würde einmal ein großer Erfinder werden ...

Iskra. Iskra Poljakowa, Ataman im Weiberrock, Klassensprecherin der 9 b, Heldin des illegalen Kampfes, eine lebende Legende, mit der ich die Schulbank gedrückt und gestritten hatte, Schlittschuh gelaufen war, auf die ich hingebungsvoll an der Haustür gewartet hatte, nachdem Saschka Stameskin, Iskras erste Liebe, am Horizont verschwunden war. Ihre erste und letzte Liebe, für Iskra gab es nichts Zweites. Weder in der Liebe, noch bei Zensuren, noch bei ihrem Platz im Leben. Nur das Sterben wurde ihr nicht als erster aus unserer Klasse zuteil. Als erster starb Artjom.

Ich konnte Valkas pfeifendes Schnarchen nicht länger ertragen und ließ mich auf den Fußboden hinab. Im Dunkeln zog ich mir die Hosen an und schlüpfte aus dem Abteil in den polternden Gang. Es war gegen vier, aber am Zugfenster zeichnete sich eine schwerfällige Gestalt ab. „Kannst du nicht schlafen, Literat?"

Paschka Ostaptschuk. In der Schule hatte er sich nicht durch besondere Klugheit ausgezeichnet, er konnte auf dem Reck tadellos seine Riesenwelle und liebte hingebungsvoll Lenotschka Bokowa. Der Krieg nahm ihm das Bein und den Sport, und zu Lena kehrte er nicht zurück, obwohl sie bis zum Tag des Sieges auf ihn wartete und er bereits am Dnepr verwundet worden war.

„Begegnung mit unserer Jugend nach vierzig Jahren. Man möchte es nur zu gern, aber unser Zug ist abgefahren. Darum können wir nicht schlafen, stimmt's, Literat? Außerdem macht Edison einen Krach wie eine Dampframme."

Paschka fieberte dem bevorstehenden Wiedersehen mit der Stadt, mit der Schule und Lena entgegen. Mit der Prothese knarrend, ging er im Gang auf und ab und erzählte. Vom Dnepr und der 9 b, von Lena, zu der als Invalide zurückzukehren er nicht den Mut aufgebracht hatte, und von der Sanitäterin aus dem Lazarett, die ihn bemuttert, ihm Trost zugesprochen und ihm schließlich sogar Kinder zur Welt gebracht hatte. Er versuchte sich gleichsam selber einzureden, daß eine treue Ehefrau keineswegs schlechter sei als jenes junge Mädchen, das von der Bühne geträumt hatte, das ihm zum Trotz sechsundvierzig geheiratet hatte und fünf Jahre darauf Witwe geworden war. Gerade in dem Jahr waren wir zur Einweihung einer Gedenktafel in der Schule zusammengekommen; es hatte sich so ergeben, daß wir nach dem Krieg nicht in unsere Heimatstadt zurückgekehrt waren. Ich lebte in Moskau, Ostaptschuk und Alexandrow an anderen Orten, und von allen Jungen aus unserer Klasse war in der Heimatstadt nur Saschka Stameskin geblieben. Ich meine natürlich Alexander Awdejewitsch Stameskin, Direktor des größten Flugzeugwerks, Preisträger, Deputierter und so weiter und so weiter. Pawel erzählte abwechselnd von der Front und vom Sport, Alexandrow schnarchte, pfiff und sägte, und ich erinnerte mich an die Stadt, die Bekannten, unsere Klasse, unsere Schule und an unseren Direktor Nikolai Grigorjewitsch Romachin, dessen Verbindungsmann in der Illegalität Iskra gewesen war. Jenes einzige Mal, als wir, die Überlebenden, auf die persönliche Bitte des Direktors hin zur Einweihung der Gedenktafel gekommen waren, hatte er vor uns, die wir in Reih und Glied wie erstarrt dastanden, die Namen der Toten selbst verlesen.

„Die 9 b", sagte er, und die Stimme versagte ihm, die folgenden Namen schrie Nikolai Grigorjewitsch regelrecht aus sich heraus, immer lauter und lauter werdend. „Held der Sowjetunion Jagdflieger Georgi Landys. Shora Landys. Briefmarken hat er gesammelt. Artjom ... Artjom Schäfer. Man wollte ihn von der Schule jagen wegen angeblicher Prinzipienlosigkeit, aber er hat sie unter Beweis gestellt, seine Prinzipientreue, o ja, das hat er! Als man die Zündschnur durchgeschnitten hatte, sprengte er sich zusammen mit der Brücke in die Luft. Ein geräumiges Grab hat er gefunden, unser Artjom! Wladimir Chramow. Wowik, unser Klassenprimus, der stillste von allen. Sogar in der Pause war er weder zu sehen noch zu hören. Am Kuban hat es ihn neben seiner Pak 45 erwischt. Nicht einen Schritt ist er zurückgewichen. Nicht einen einzigen! Iskra Pol ... Pol ..."

Er konnte den Namen seines Verbindungsmanns einfach nicht über die Lippen bringen, sein Mund zuckte und wurde schneeweiß. Die Frauen stürzten zu ihm, versuchten ihn zum Sitzen zu bewegen und gaben ihm Wasser zu trinken. Sich hinzusetzen lehnte er ab, aber das Wasser trank er aus, und wir hörten, wie die Zähne gegen das Glas schlugen. Dann wischte er sich die Tränen ab und sagte leise: „Es ist traurig, daß uns niemand befiehlt, ihr Schicksal kniend anzuhören."

Ohne jeden Befehl ließen wir uns auf die Knie nieder. Der ganze Saal – die ehemaligen Schüler und ehemaligen Frontkämpfer, die heutigen Schüler und Lehrer, die Invaliden, Witwen, Waisen und Einsamen –, alle wie ein Mann. Und Nikolai Grigorjewitsch begann fast flüsternd: „Iskra. Iskra Poljakowa, unsere Iskorka. Wie ihre Mutter hieß, weiß ich nicht, ich weiß nur, daß die Gestapoleute sie zwei Stunden vor ihrer Tochter gehenkt haben. So hingen sie nebeneinander – Iskra Poljakowa und die Genossin Poljakowa, Mutter und Tochter." Er verstummte und schüttelte traurig den Kopf, doch plötzlich machte er einen Schritt nach vorn, hob die Faust und rief durch den Saal: „Aber der illegale Kampf lebte weiter! Er lebte und hat die Scheusale vernichtet! Und er hat Iskorka und ihre Mutter gerächt, bitter gerächt!"

Ein halbes Jahr später, Anfang zweiundfünfzig, starb Nikolai Grigorjewitsch. Ich war auf Dienstreise, konnte an der Beerdigung nicht teilnehmen und fuhr auch nicht mehr zu den Klassentreffen. Pawel auch nicht, dafür aber Valentin. Allerdings nicht häufig, alle zwei, drei Jahre einmal. Er traf sich mit denen, die von der Front heil zurückgekehrt waren oder im okkupierten Hinterland überlebt hatten, machte Besuche, trank Tee mit den ihr wenig frohes Leben zu Ende lebenden Müttern und den immer älter werdenden Schulkameraden, blätterte endlos in Fotoalben, hörte sich die alten Geschichten an und reparierte allen die Uhren. Und die genaueste Uhrzeit in der ganzen Stadt hatten die ehemaligen Schüler der einst zu traurigem Ruhm gelangten 9 b.

Die allergenaueste.